曹操傳奇

歐陽彥之 著

從小吏到權控天下

目錄
CONTENTS

〈前言〉關鍵時刻，曹操的「三十六計」！ ◆ 7

第一章 厚積薄發，為實現目標創造條件

1 先立志，再與成功約會 ◆ 17
2 信心：自我心理建設的工程師 ◆ 22
3 該露鋒芒的時候別隱藏 ◆ 29
4 設置合理的目標 ◆ 33
5 看準機會，才能一擊奏效 ◆ 35
6 堅持不懈，終有所成 ◆ 43

第二章 雷厲風行，敢闖敢幹才是本事

1 敢想敢幹，積極行動 ◆ 49
2 勇於冒險，自古富貴險中求 ◆ 55
3 敢為天下先 ◆ 61
4 激情是前行的動力 ◆ 66

第三章 能容能恕，大度方容天下事

1 有度量，得饒人處且饒人 ◆ 73

2 一笑泯恩仇，大度能成天下事 ◆ 78
3 容人所長，學會欣賞他人 ◆ 86
4 寬以待人，因善得福 ◆ 91
5 不念舊惡，豁達是你看待這個世界的姿態 ◆ 95

第四章 以退為進，為進一丈何妨先退一尺

1 能屈能伸，善於適應 ◆ 103
2 掌握好進退妥協的尺度 ◆ 108
3 適時退讓才能取得更大的成功 ◆ 112
4 知進不知退者難有大作為 ◆ 116
5 善隱忍者，方成大業 ◆ 123

第五章 借力而行，讓別人為你做嫁衣

1 借力獲利，亂中取勝 ◆ 133
2 借一種旗號提升影響力 ◆ 138
3 空手套狼，變敵有為我有 ◆ 148
4 借人之手，為我解憂 ◆ 154
5 借別人的「光」照亮自己的路 ◆ 160

目錄
CONTENTS

第六章 控制局面，學會迂迴前進
1 化整為零，逐個擊破贏全域 169
2 找到分化敵對力量的方法 171
3 散佈假消息，聲東擊西 176
4 將欲取之，必先予之 180
5 不敵其力而消其勢 185
6 敵人的敵人就是朋友 191

第七章 靈活變通，見機行事收效大
1 殺人和獻刀本是一個姿勢 199
2 臨危不亂，處變不驚 204
3 隨手一指，謀事在人 208
4 目的一個，手段要多 213
5 深諳世事，學會變通 221
6 兵不厭詐，巧用手段 227

第八章 恩威並施，賞罰分明的領導藝術
1 嚴以律己，以身作則 235

2 恩威並舉，軟硬兼施 ◆ 240
3 善用謀略，軍紀嚴明 ◆ 246
4 造銅雀台，重賞奇兵 ◆ 250

第九章 運籌帷幄，謀劃好了再行動

1 看問題要看到根源上 ◆ 257
2 未雨綢繆穩江山 ◆ 262
3 殺撫並用，分化敵人 ◆ 271
4 沒有謀劃就沒有未來 ◆ 275
5 打好基礎圖長遠 ◆ 282
6 居高見遠，身後疑塚防人盜 ◆ 288

第十章 笑對逆境，永不言敗

1 再苦再難都要笑一笑 ◆ 295
2 路還要靠自己去走 ◆ 300
3 讓自己變成一頭狼 ◆ 304
4 九十九次的失敗換來一次成功 ◆ 309
5 敢於拒絕，勇於說「不」 ◆ 316

〈前言〉

關鍵時刻，曹操的「三十六計」！

1 曹操確實不簡單

東漢末年，群雄爭霸，硝煙四起，各路諸侯相互吞併整合，形成魏、蜀、吳三國鼎立之勢，無數風雲人物、精彩事件由此而生。

論崛起之道，曹操的看家本領是對權術的運用，他對權術的運用可謂達到了爐火純青的地步。

在歷史上，曹操被人稱爲「治世之能臣，亂世之奸雄」，前者指的是他的才能，後者指的是他的道德。

才能被人稱道，而道德卻飽受質疑，這樣的曹操之所以能成就霸業，靠的就是陰陽正反這兩種與眾不同的處世謀略。論陽謀，他滿腹經綸，飽經滄桑，以德取譽；論陰謀，他機關算盡，城府艱深，以計賺名。他深諳無德不足以立信，無計不足以謀名之道。通過數十年的努力，終於打造了一副典型的陰陽謀略家的面孔。

曹操雖得「一代奸雄」之稱，但其在為人方面卻頗通方圓之道，其方者，以誠相待，取信於人，虛懷若谷，決不食言；其圓者，我行我素，機智靈活。任憑他人指指點點，他卻能夠遊刃有餘。

想當年，曹操青梅煮酒錯識劉備，但若據此認為曹操識人無珠卻是大錯特錯。你看他麾下，何嘗不是人才濟濟；你看他左右，何嘗不是英雄輩出。一句「任天下之智力，以道禦之，無所不可」，豎起了識人的大旗，一時間，天下英雄不憑資質、不計門第、不分親仇，盡歸其門下。似這等恢宏氣魄，幾人有之？

曹操用人初看起來熱情豪放，細品卻可見其謹慎小心。對於英才，他能將之捧上天；對於逆徒，他能將之打入地。任憑你黑道白道，他那裡自有試金石；莫道你是三教九流，他那裡自有火眼金睛。天下智力競相為我所用，各路豪傑莫不玩於股掌之間。沒有這點手段，曹操怎能聚集旺盛的人氣、收納高明的智囊呢？

喜怒無常、陰險狡詐是人們形容曹操時常用的詞語。但自古以來，高處不勝寒，君者不怒而自威，曹操的管人謀略在這一明一暗、一喜一怒之間如此變幻自如，又有幾人能望其項背？施恩時，其恩澤深似海；發威時，其威風鎮八方。賞之則毫不吝嗇，罰之則鐵面無私，仰望曹公，誰人敢不汗顏？

封建官場上，忙忙碌碌，紅塵之中，所爭的不過一「權」字。這「權」字大如天，沉如地，無人不想掌握它，又無人不害怕它。但曹操卻背負著「奸雄」和「漢賊」的惡名將權柄輕輕地拿起，從容地運用。他挾天子以令諸侯，這等高深手段，誰人能及？

三國之中，文武全才者，曹操乃第一人。如果說諸葛之謀小心謹慎，殫精竭慮，那麼曹操之謀便是從容輕鬆，招之即來。你看他面對生死毫不畏懼，機智靈活，詭謀迭起，妙計百出，談笑之間不知有幾個對手無處藏身，灰飛煙滅，似這等詭秘頭腦，又有幾人懂得？

魯迅說：「其實，曹操是一個很有本事的人，至少是個英雄，我雖不是曹操一黨，但無論如何，總是非常佩服他。」

2 傳奇人物的本事

曹操，在中國歷史上是最有爭議的人物之一。擁之者稱之爲英雄，反之者稱之爲梟雄。英雄也好，梟雄也罷，僅憑在那個「家家欲爲帝王，人人欲爲公侯」的時代裡，曹操能從一個離經叛道的頑皮少年，左衝右突，一步步造就霸勢，走上高位這一點，便足以證明他智慧超群。

曹操（西元一五五至二二〇年），東漢末期權臣，傑出的政治家、軍事家和文學家，字孟德，沛國譙縣（今安徽亳縣）人。父曹嵩，乃宦官曹騰養子，雖官至太尉，仍爲士族所鄙。

曹操二十歲以孝廉爲郎，後以騎都尉，參與鎮壓潁川黃巾起義軍，被命爲西園八校尉之一的典軍校尉。中平六年（西元一八九年），因董卓專權，他逃離洛陽，至陳留（今河南開封東南）散家財，聚兵五千人，與袁紹爲首的關東州郡軍一起討伐董卓。

當時諸軍畏卓，莫敢先進，唯操出戰，董卓西逃，袁紹表操爲東郡太守。初平三年（西元一九二年），青州黃巾起義軍攻入兗州，殺刺史劉岱，州吏擁曹操領兗州牧，曹操率兵打敗黃巾軍三十餘萬，收其精銳爲部下，號「青州兵」。在隨後幾年的兼併戰爭中，曹操表現出了傑出的才能：打敗袁術，攻破陶謙，平定張邈，消滅呂布，逐漸壯大成一支與袁紹相對抗的力量。

建安五年（西元二〇〇年）官渡之戰，曹操以少勝多，打敗袁紹十萬大軍，乘勝追擊，陸續攻佔原屬袁紹的冀、青、幽、並四州。十二年（西元二〇七年），又消滅曾收留袁紹二子、以遼西柳城（今遼寧朝陽西南）爲根據地的少數民族烏桓勢力，基本統一北方。

曹操根據荀彧的謀劃，於建安元年（西元一九六年）將處於困境的漢獻帝從洛陽迎到自己勢力範圍內的許縣（今河南許昌東），作爲傀儡，並遷都於許。從此，他「奉天子以令不臣」，政治上主動，號召力增強。

他募民屯田許下，得穀百萬斛。後推廣到許多州郡，史稱所在積粟，倉廩皆滿，從物質供應上保證了戰爭的勝利。

他精通《孫子兵法》，是今存爲此書作注的第一人，著有兵書十萬餘言，善於運用古代軍事學說和戰略戰術，「因事設奇，譎敵制勝，變化如神」。

他多次下令求賢，要求「唯才是舉」。與東漢重視德行、門第不同，只要才幹傑出，有治國用兵之術，即使出身微賤，不懂儒家經術，不仁不孝，名聲卑污，曹操都會考慮予以重用，甚至拔爲大將、牧守。豪強大族率眾投奔者，他也極力籠絡，崇以官職。此外，他又不完全否定德行標準，而且很重視對名士的爭取。部下對其如不竭誠效忠，一經發覺，立即清除，毫不容情。一時間，「天下忠正效實之士咸願爲用」，其麾下人才濟濟。

曹操「攬申、商之法術」，受先秦法家思想影響很大，不官不功之臣，不賞不戰之士，強調「撥亂之政，以刑爲先」。在此思想指導下，他殘酷鎮壓農民反抗，同時對豪強大族的不法行爲給予嚴厲打擊。平定冀州後，他立即下令，加重對豪強兼併的懲罰。

建安十三年（西元二〇八年），曹操晉位丞相，率軍南征。荊州劉表適病卒，子琮歸降。操進軍江陵，沿長江順流東下，與孫權、劉備聯軍會戰於赤壁。其時南北統一條件遠未成熟：北方軍隊長途跋涉，不服水土，兵多疾病；荊州降軍心有顧慮，未肯力戰；加上曹操驕傲輕敵，最終在孫劉聯軍火攻之下大敗而歸。此後，他將重點轉向鞏固北方的統治，鎮壓朝廷中的異己力量，包括皇后伏氏的反抗，並繼續消滅北方殘餘割據勢力。建安十六年（西元二一一年），曹操討平關隴地區馬超、韓遂，四年以後又征降漢中的張魯，為代漢做了充分準備。在此期間，他曾數次進攻孫權、劉備，但都無功而還。

建安十八年（西元二一三年），曹操封魏公，建魏國，都於鄴。魏國擁有冀州十郡之地，置丞相以下百官。三年後，曹操晉爵魏王，用天子旌旗，戴旒冕，出入得稱警蹕，他名義上雖為漢臣，實際上已是皇帝。後來，子曹丕代漢，追尊其為魏武帝。

這就是曹操，一個擁有傳奇一生的英雄，不管後人怎樣評價他，他永遠堅定地站在屬於自己的那圈歷史年輪上。有人唾罵他是「漢賊」，有人稱讚他為「能臣」，「一千個人心中有一千個哈姆雷特」，讀者眼中的曹操形象又何止千萬？

3 愛才識才的典範

在現代社會中，我們究竟能從曹操身上學到些什麼呢？

首先，曹操是個傑出的政治家。三國亂世，群雄紛爭，人才輩出。曹操憑著他傑出的智慧和才幹，東征西討，南征北戰，對當時國家的統一事業做出了偉大的貢獻。論三國群英，以綜合素質看，劉備、諸葛亮、孫權等人都比不上曹操。

其次，曹操是個優秀的領導者。曹操的領導智慧給人以高深莫測的感覺，正是靠著這種超凡的智慧，「治世之能臣，亂世之奸雄」的曹操終成霸業。他取信於人，虛懷若谷，滿腹經綸，飽經滄桑；他以德取譽，以理服人，積極進取，豁達樂觀；他做事踏實，穩妥發展，機智靈活，妙計百出；他愛才識才，遍攬天下豪傑，確有王者風範，使當時的謀臣勇將爭相歸附。

最後，曹操還是一個一流的智謀家。想那劉備之計謀無不出自諸葛之手，而孫權之計也出自周瑜之流，獨有曹操本身就是一個才比諸葛、謀過周瑜的謀略家，危急關頭無不是眉頭一皺，計上心來。

當今商戰競爭激烈，國際局勢動盪不安，各國都在競相研究《三國演義》，想把三國人物智慧運用於軍事和經濟活動中。曹操的一生處處體現著智慧與練達。世事變幻莫測，沒有一成不變、放之四海而皆準的法則，因此，我們應學會曹操的機變與幹練。

假如你練就了曹操的辦事能力，你就能如魚得水，無往而不勝；假如你修成了曹操的做人之道，你就會贏得世人的尊重、信任與支持；兼而有之，你必能領袖群雄，登上人生巔峰！

第一章

厚積薄發，為實現目標創造條件

想要改變自己的命運，就要像曹操一樣學會在這個紛繁的世界中睜大眼睛，在最適合自己脱穎而出的時候站出來，在最不適合自己出現的時候「隱身」。真正可成大事者，大多懂得厚積薄發、後發制人的道理。

1 先立志，再與成功約會

愛因斯坦說過：每個人都有一定的理想，這種理想決定著他努力和判斷的方向。所以，從現在起，給自己的人生立個志向、樹個目標，成功的意識需要培養，你須先立志，之後才能與成功約會。

年僅二十歲的曹操，剛入仕途就顯示出了其「不安分」的行事作風。在任洛陽北部縣尉時，鑒於權貴橫行，攪得社會很不安寧的現狀，曹操到任之初就趕製了十根五色大棒，懸掛在大門左右，示曰：「有犯禁者，不避豪貴，皆責之。」權重勢大的宦官蹇碩的叔父違反規定，提刀夜行，巡夜的曹操拿住這位無人敢惹的太歲，毫不留情地以棒責打，「由是，內外無敢犯者，威名頗震」。

黃巾起義後，曹操率兵參與鎮壓，由於戰功顯赫，受封為典軍校尉。董卓專權，朝政日非，曹操在刺殺董卓未果後，逃出京城洛陽回到家鄉，然後一面假傳皇帝詔書，號召各地討伐賊臣董卓，一面在族人、友人的幫助下招募兵馬，參加到討伐董卓的大軍中。

十八路諸侯與董卓小戰之後，各懷私心，互相觀望，任憑董卓劫持皇帝遷都長安。曹操對此大為不滿，毅然率軍追擊。雖然兵敗受傷，但也足見曹操與袁紹等輩不一樣，是個勇於進取之人。曹操見十八路諸侯畏縮不前，不能成事，就率領殘兵敗將回到了山東。不久，青州黃巾軍又起，曹操進兵鎮壓，得降卒三十萬，選拔精銳，號為「青州兵」。

之後，曹操以兗州為根據地，招賢納士，廣攬人才，「文有謀臣，武有猛將，威震山東」。接著，曹操在山東擊敗呂布，迎漢獻帝到許昌，「挾天子以令不臣」，這樣一來，除軍事上擁有較強實力外，他又掌握了政治上的主動權。此後，曹操東征西討，逐鹿中原，開始了兼併群雄的戰爭。

張繡敗而降，降而叛，最終被曹操吞併；妄自稱尊的南方最大軍閥袁術也被曹操徹底消滅；敗而復起、驍勇善戰的呂布被曹操斬草除根；劉備數次東山再起，數次被曹操擊敗，以至於在中原無法立足；官渡之戰，曹操以劣勢的兵力大破袁紹，此後接連進擊，天下勢力最強大的袁紹及其殘餘勢力被消滅殆盡，曹操奪得了冀、青、幽、並四州的廣大土地。

經過數年征戰，曹操基本上統一了北方。之後，曹操揮師南下，奪取了劉表據有的荊州。由於輕敵和急功近利，曹操在赤壁遭到了孫權和劉備的沉重打擊。然而，曹操並沒有一蹶不振。赤壁之戰後，他不僅統兵入關，消滅了馬超、韓遂勢力，進軍漢中，消滅了張魯，而且一直沒有放棄吞併孫、劉一統天下的努力。

曹操在臨死之前，因一統天下的理想未能實現而遺憾不已，他對曹洪管人說：「孤縱橫天下三十餘年，群雄皆滅，只有江東孫權、西蜀劉備未曾剿除……」曹操的一生，是「老驥伏櫪，志在千里」的一生。開拓進展的精神，是他賴以取得事業上的巨大成就，並成為三國時代最傑出的政治家、軍事家的首要因素。現代人在自身素質修養方面最應該學習的，就是曹操不斷開拓進取的品格。

沒有開拓進取的精神，就無法創立和發展事業。如果曹操在追擊董卓失敗後心灰意冷，卸甲歸田，或是在佔據兗州之後像劉表那樣自我滿足，就不會有後來那樣偉大的成就。事實上，長久的原地踏步是不可能的，人類和自然界的任何事物都處在不斷運動的狀態，靜止只是短暫的、相對的。事業也是如此，要想維持一定的狀態，不進也不退是不現實的，不進則退，這是必然的規律。

假如曹操登上丞相的寶座，就坐享富貴，不忠進取，那麼，要不了多久，他就會被別人取而代之，因為比曹操強大的袁紹、袁術等人絕不會容忍朝政大權長久地掌握在曹操手中。就如劉璋，他是從父親劉焉手中接管益州的，原本只想守住這點基業，不圖有更大的作為，結果時日不長就被劉備奪去了。明智的守業者曾選擇以攻爲守，只有開拓進取，才能長久地守住已有的事業。正如諸葛亮在《後出師表》中所說：「漢賊不兩立，王業不偏安」「然不伐賊，王業亦亡」。

有一個女孩，她在十八歲之前一直不知道自己想要什麼，每天就在藝校裡跟同學唱歌、跳舞，偶爾有導演來找她拍戲，她就會很興奮地去拍，無論角色多麼小。直到一九九三年的一天，教她專業課的老師突然找她談話：「你能告訴我你未來的打算嗎？」

女孩一下愣住了，不明白老師為什麼會突然問她如此嚴肅的問題，更不知該怎樣回答。

見她不作聲，老師又問：「現在的生活你滿意嗎？」她搖搖頭。

老師笑了：「不滿意證明你還有救。你現在想想，十年以後你會怎樣？」

老師的話很輕，落在她心裡卻很沉重。沉默許久後，她說：「我希望十年以後自己能成為最好的女演員，同時可以發行一張屬於自己的音樂專輯。」

老師問她：「你確定了嗎？」女孩咬緊嘴唇，想了一會兒，堅定地說道：「是。」

「好，既然你確定了，我們就把這個目標倒著算回來。十年以後你廿八歲，那時你是一個紅透半邊天的大明星，同時出了一張專輯。那麼，你廿七歲的時候，除了接拍各種名導演的戲以外，一定還要有一個完整的音樂作品，可以拿到很多很多的唱片公司試聽，對不對？廿五歲的時候，在演藝事業上，你要不斷進行學習和思考。另外，你還要有很棒的音樂作品開始錄製。廿三歲時，你必須接受各種各樣的培訓，包括音樂上和肢體上的。二十歲的時候，你開始作曲作詞，並在演戲方面接拍大一點的角色……」

老師的話說得很輕鬆，卻讓她感到一種恐懼。這樣推下來，她馬上就要著手為自己的理想做準備了。可是，她現在什麼都不會，什麼都沒想過，仍然為小丫環、小舞女之類的角色沾沾自喜，她感覺到有一股強大的壓力向自己襲來。

老師平靜地說：「你是一棵好苗子，但你對人生缺少規劃。如果你確定了目標，希望你從現在就開始做。」

聽了老師的話，她感覺自己整個人都覺醒了。從那時起，她明白要實現自己的夢想，就要從現在做起，時刻為了以後打基礎。所以，她比以前更加努力了。畢業後，她開始對角色認真篩選。漸漸地，她被大家所熟知，嘗到了成功的喜悅。

這個女孩就是如今紅遍全國、馳名海內外的影視歌三棲明星：周迅。

遠大的目標就是推動人們前進的夢想。隨著這夢想的實現，你會明白成功的要素是什麼。沒有遠大的目標，人生就沒有瞄準和射擊的目標，就沒有更崇高的使命帶給你希望。正如道格拉斯．勒頓說的：「你決定人生追求什麼之後，你就作出了人生最重大的選擇。要能如願，首先要弄清你的願望是什麼。」有了理想，你就會看清自己想取得什麼成就。有了目標，你就會有一股無論順境逆境都勇往直前的衝勁，目標能使你取得超越自己能力的東西。

阿基米德說過：「給我一個支點，我可以撬起整個地球。」只要堅定目標，自強不息，你就能奔向成功的彼岸。曹操就是憑藉這一優勢，不斷成長壯大，最後成就大業。

2 信心：自我心理建設的工程師

蘇格拉底說：「一個人是否有成就，只要看他是否具有自尊心和自信心兩個條件。」人活著，理應具備那種「仰天大笑出門去，我輩豈是蓬蒿人」的自信與氣勢，這樣的人，氣質會更優秀高雅，談吐會更瀟脫大度，與人交流起來也會更加輕鬆自然，進而具備一種可在不知不覺中感染、打動人的魅力。

有人說，成功的欲望是創造和擁有財富的源泉。人一旦擁有了這一欲望，並經由自我暗示和潛意識的激發後形成一種信心，這種信心便會轉化爲一種「積極的感情」。它能夠激發潛意識釋放出無窮的熱情、精力和智慧，進而幫助其獲得巨大的財富和事業上的成就。有人把「信心」比喻爲「一個人心理建築的工程師」。在現實生活中，信心一旦與思考相結合，就能激發潛意識來激勵人們表現出無限的智慧，使每個人的欲望所求轉化爲物質、金錢、事業等方面的有形價值。

從《三國演義》第二十一回「曹操煮酒論英雄」的故事中，可以看出曹操就是一個非常自信的人。

一天，曹操摘了青梅，煮好酒，請來劉備，二人對坐開懷暢飲。

酒至半酣，曹操請劉備評定誰是當世的英雄。劉備說：「淮南袁術，兵糧足備，可為英雄？」

曹操笑著說：「塚中枯骨，吾早晚必擒之！」

劉備說：「河北袁紹，四世三公，門多故吏。今虎踞冀州之地，部下能事者極多，可為英雄？」

曹操笑著說：「袁紹色厲膽薄，好謀無斷。幹大事而惜身，見小利而忘命，非英雄也。」

劉備說：「有一人名稱八俊，威鎮九州，劉景升可為英雄？」

曹操說：「劉表虛名無實，非英雄也。」

劉備說：「有一人血氣方剛，江東領袖，孫伯符乃英雄也？」

曹操說：「孫策藉父之名，非英雄也。」

劉備說：「益州劉季玉，可為英雄乎？」

曹操說：「劉璋雖係宗室，乃守戶之犬耳，何足為英雄？」

劉備說：「如張繡、張魯、韓遂等輩皆何如？」

曹操拍掌大笑說：「此等碌碌小人，何足掛齒！」

在曹操眼裡，到底誰是英雄呢？曹操用手指向劉備，然後又指著自己說：「今天下英雄，惟使君與操耳！」

隨著時間的推移，劉備所歷數的「英雄」，除了孫策年輕病死，劉璋被劉備所滅外，袁術、袁紹、劉表、張繡、張魯、韓遂等人，都相繼被曹操一一消滅。曹操成功的原因是多方面的，就其自身的心理素質而言，藐視群雄、高度自信也是不可或缺的主觀因素。

美國作家愛默生曾經說過：「自信是成功的第一秘訣。」有自信不一定能成功，但沒有自信就意味著對自己評價過低，自我否定，從而導致心理脆弱，做事謹小慎微、畏畏縮縮、瞻前顧後，進而陷入惡性循環，使人的意志被消磨，信念追求被沖淡，身心健康被摧殘，工作愛情遭遇挫折，最終深陷悲觀哀怨的泥潭而無法自拔。所有這些都源於缺乏自信。

要知道，你的自我感覺會在很大程度上影響別人對你的態度：輕視，平視，抑或仰視。擁有自信，起碼能夠使你與溝通對象處於平起平坐的地位；反過來，如果你不夠自信，自己都覺得矮人三分，對方自然更不會給予你足夠的重視，如此，溝通效果必定大打折扣。

自信能使你在人群中出彩，彰顯個人魅力。這種光芒能夠爲你在現實中吸收到更多的能量，爲你的事業添磚加瓦。

一九〇〇年七月，在浩渺無邊的大西洋上，海風怒吼，巨浪滔天。暴風雨中，一葉小舟一會兒沖上浪尖，一會兒跌入波谷，惡劣的天氣和狂風巨浪似乎要將它撕個粉碎。

駕駛這葉小舟的是一位金髮碧眼的年輕人，他是一名德國醫學博士，名叫林德曼。大海無情，曾經吞噬過無數鮮活的生命，為什麼林德曼要孤身一人進行這危險的航行？為什麼他要選擇這樣惡劣的天氣？

林德曼在德國從事的是精神病學研究，出於對這份職業的執著，他正在以自己的生命為代價，進行著一項亙古未有的心理學實驗。

林德曼博士在醫療實踐中發現，許多人之所以會成為精神病患者，主要是因為他們感情脆弱，缺乏堅強的意志，心理承受能力差，經受不住失敗和困難的考驗，關鍵時刻失去了對自己的信心。有些看上去體格健壯的人，後來卻因為承受不住心理的壓力而精神崩潰。林德曼認為：一個人保持身心健康的關鍵，是要永遠自信。

當時，德國舉國上下正在掀起一場獨舟橫渡大西洋的探險熱潮，全國先後有一百多位勇士駕舟橫渡大西洋，但結果均遭失敗，無一生還。消息傳來，輿論界一片譁然，認為這項活動純屬冒險，它超過了人體承受能力的極限，是極其殘酷的「自殺」行為。

林德曼卻不這麼認為。經過對這些勇士遇難情況的認真分析，他認為，這些遇難的人不是身體承受不住，而主要是死於精神上的崩潰，死於恐怖和絕望。

林德曼的觀點遭到了輿論的質疑：探險勇士難道還不夠自信？為了驗證自己的

觀點，林德曼不顧親人和朋友反對，決定親自做一次橫渡大西洋的試驗。

在航行中，林德曼遇到了許多難以想像的困難。在漫漫的航程中，孤獨、寂寞、疾病、體力的消耗、精力的消耗，都在銷蝕著他的意志。特別是在航行最後的十八天中，他遇上了強大的季風，小船的杆折斷了，船舷被海浪打裂了，船艙進了水。林德曼必須把舵緊緊地捆在腰上，騰出手來拼命地往外舀船艙裡的水。

在和滔天巨浪搏鬥的三天三夜中，他沒有吃一粒米，沒有合一下眼。那場面真是驚心動魄，九死一生。多少次，他感覺自己快要堅持不住了，有幾次眼前甚至出現了幻覺，但每當他產生放棄的念頭時，他就會狠狠地掐自己的胳膊，直到感到疼痛，然後激勵自己：「林德曼，你不是懦夫，你不會葬身大海，你一定會成功！再堅持一天，就是勝利的彼岸。」

「我一定會成功！」林德曼的心中反覆地呼喊著這幾個字。求生的希望支撐著林德曼最終取得了成功。

「一百多人都失敗了，我為什麼能成功呢？」他說，「我一直相信自己一定能成功。即使在最困難的時候，我也以此自勵！這個信念已經和我身體的每一個細胞融為了一體。」

林德曼的故事告訴我們，不管面對什麼樣的質疑，不論在什麼樣的困境中，唯一能拯救你的是你自己——你自己的信心；唯一能打垮你的也是你自己——你自己的灰心。

「生當做人傑，死亦為鬼雄。」沒有人願意給人留下缺乏自信、膽怯懦弱的印象，且不說這種表現本身就會使人難以發揮出正常水準，僅僅是出於做人的最基本的尊嚴，也應該將不自信的生活態度徹底拋掉。

生活中的許多問題、困難與不順其實都來源於缺乏自信。一旦有了信心，你的整個生活都會有所改變。它會讓你對生活充滿希望，使你的人生充滿快樂，幫助你更加從容地駕馭生活。自信是一種美妙的生活態度，它會給你帶來那些以前一直與你擦肩而過的快樂、健康、愛情、財富與成就。

莎士比亞曾經說過：「自信是走向成功的第一步，缺乏自信是失敗的根本原因。」縱觀古今，許多人之所以失敗，不是因為他們沒有能力，而是因為他們不相信自己的能力。一個人如果沒有自信，其人生就會像一個被扎破的氣球，迅速萎縮。這樣的你，怎麼可能取得成功呢？

3 該露鋒芒的時候別隱藏

雖說做人最好不要鋒芒太露，但這並不是說面對任何事都要一味藏拙，而要該藏則藏，該露則露。因此，一旦你施展才華、大露鋒芒就能夠一舉成名時，千萬不要吝嗇，應把所有的技能展現出來，使自己脫穎而出。此時的你完全不必顧忌他人的嫉妒心，因爲他們已無法對你造成傷害。

曹操上任後，燒出的第一把火就是處死了皇帝寵幸太監的親屬，這件事轟動朝野，曹操也一時聲名大噪，並因此而得到擢升，可以說是名利雙收，完美地達到了表現自己、推銷自我的目的。

每年的春季，雄孔雀爲了贏得雌孔雀的注意，會張開色彩絢麗的尾屏，將自己最美麗的一面展現出來，這就是讓我們嘆爲觀止的「孔雀開屏」。孔雀在恰當的時機把自己最美的一面展現給自己心儀的配偶，可謂是一種絕妙的自我推銷方式。

孔雀開屏給我們的啓示是：才能非凡並不見得就能脫穎而出，更何況，很多人的才能還遠遠達不到讓人眼前一亮的程度。因此，即使你是一個才華出眾的人，也要懂得表現自己，善於推銷自己。曹操的經歷告訴我們：弱者等待機會，強者創造機會。這是一條自古以來顛撲不破的真理。

「酒香不怕巷子深」的時代已經成爲過去，今天，主動表現自己並善於表現自己成了一種新的潮流。善於表現自己是一種自我推銷的能力，只有通過這種自我推銷，才能讓別人知道你的能力，爲自己博取更好的發展機會。

唐李亢《獨異記》中記載了有關唐代詩人陳子昂的一個故事：

陳子昂初入長安，不為人知。一日，市衢中有賣胡琴的，索價百萬。圍者甚眾，誰也說不準這琴到底值不值這個價錢。陳子昂自人群中擠入，聲稱要出一千緡把它買了。眾人驚詫不已，問：「買來做什麼用呢？」

陳子昂答稱：「我自幼善樂，此琴正派用處。」

又問：「能否聽君演奏呢？」

子昂稱諾，告之明日可帶上你們的朋友來我住處，我會備好酒肴。

翌日，眾人如約偕往。座上酒肴齊備，水陸俱陳。酒過三巡，子昂持琴而起，朗聲宣告：「蜀人陳子昂，有詩文百卷，奔走京華，碌碌塵土，不為人知。未料近日竟以胡琴播名，可為一嘆。然演樂之事情乃賤工一技，何足君輩矚意！」

言罷，忽將胡琴擲地，頓作碎片。眾皆驚訝，一時寂然無聲。子昂取詩卷文稿贈各位，四座喧騰，躍躍爭閱，於是一日之內，陳子昂聲播京華。

這段關於陳子昂的故事是否真有其事無從考證，但是，其背後所包含的善於自我推銷的智慧卻是值得今人思考的。

陳子昂爲了展現自己的才華，儘管付出了一把胡琴的高昂代價，但也當即獲得了「聲播京華」的顯著成效。在一千多年前，資訊極不發達的年代，尙且有人爲了表現自己而去採取非常手段。現代職場人要想從眾多的競爭者中脫穎而出，又何嘗不需要充分地表現自己呢？

一天，一個偏僻的小山村突然開進了一輛汽車。這可是件新鮮事，全村人都圍了過來。

從車上走下幾個人，其中一個穿黑皮夾克的中年男子問大家：「你們想不想演電影？誰想演請站出來。」一連問了好幾遍，村民們都不說話。

這時，一個十幾歲的女孩子站了出來，說：「我想演。」

她長得並不漂亮，單眼皮，臉蛋紅撲撲的，透著一股山裡孩子特有的倔強和淳樸。

「你會唱歌嗎？」中年男子問。

「會。」女孩子大方地回答。

「那你現在就唱一個。」

「行！」女孩子開口就唱，一邊唱還一邊扭，村民們大笑，因為她的歌唱得實在不怎麼好聽，不但走音，而且唱到一半還忘了詞。

令人沒想到的是，中年男子卻用手一指：「好，就是你了！」

這個勇敢向前邁步的女孩子叫魏敏芝。她幸運地被大導演張藝謀選中，在電影《一個也不能少》中演出女主角，她的名字很快便傳遍了大江南北。

能成大事者往往擅長審時度勢，該露鋒芒時，他們絕不含糊，能夠勇敢地明確表達自己的立場和目標，做自己認爲可行的決定，並付諸行動。這樣才不至於被動，也能夠掌控局面，做自己的主人。

孔子的弟子常常感嘆「不吾知也」，今天的年輕人也經常慨嘆「虛負凌雲萬丈才，一生襟抱未曾開」，總是幻想著「明主」的「三顧茅廬」，然後直接「書生拜大將」，這近乎天方夜譚。要知道，劉備的三顧茅廬也是因爲事先有了司馬徽、徐元直等人的推薦才成行的。如果你不搞出點動靜，做出點名氣，明主就是想訪賢也無處尋覓。年紀輕輕就故作世故老成、藏拙自保，最後只能把中庸詮釋爲平庸。要成功，就要學曹操，露鋒芒，別隱藏，出名要趁早。

4 設置合理的目標

人無法選擇生活的時代，但可以利用時代帶來的機遇創造自己的人生。曹操生在亂世，那個時代人人都想稱王稱霸，把別人踩在腳下，但只有曹操最終傲立於群雄當中，成了一代雄傑。

曹操生於東漢末年的西元一五五年，也就是東漢桓帝在位期間。

當曹操步入「弱冠」之年時，正值靈帝劉宏在位前期。東漢末期有四大顯著特徵：一是最高統治者皇帝腐朽無能，桓帝、靈帝、獻帝三代，一代不如一代；二是封建朝廷統治集團諸勢力間的爭鬥異常激烈、殘酷，桓帝、靈帝在位期間均發生了「黨錮之禍」，外戚、宦官、「黨人」諸集團勢力無不陰謀誅殺異己，獨斷專權；三是由於苛政，平民百姓的生活很艱苦，甚至很多人都無法生存，導致民心動搖，階級矛盾加深；四是大小割據軍閥都在竭盡全力擴大地盤，戰爭隨處可見。

所謂「亂世出英雄」，在那樣一個亂世，正需要曹操這樣的人。這就好比在職場上遇到強大的競爭對手時，必會有一番較量一樣。想要擺脫混亂局面，就必須進行一次終結性的混亂鬥爭。在這樣的競爭環境中，我們必須給自己一個準確的定位，這樣才可能達到預期的效果。否則，本可以當領袖的人卻妄自菲薄，埋沒了才能。

如果把現代社會的競爭看成一場戰爭，那麼，每一個身處其中的人都應該具備自我角色設定的意識，並採取一系列有效的措施來實現自己的目標，在自己願意爲之努力的領域成就一番事業。

混亂的局面高手如林，這些都不是最讓人感到緊張、害怕的事，你給自己設定了一個怎樣的定位和起點才是關鍵。就像俗語說的那樣：好的開始是成功的一半。給自己的事業和人生一個適當的定位，也是成功的一半。

你在心中把自己定位成什麼，你就是什麼，因爲定位能決定人生，定位能改變人生。

汽車大王福特自幼幫父親在農場幹活，但他想做一名機械師。

十二歲時，他已經開始構想造一台能夠在路上行走的機器來代替牲口和人力，而父親和周圍的人都認為他應該「本分」地在農場幫忙。

若他真的聽從了父輩的安排，世間便少了一位偉大的企業家。所幸，福特堅信自己可以成為一名機械師，他用一年時間完成了其他人需要三年才能完成的機械師訓練，隨後又花了兩年多時間研究蒸汽原理。

後來，他又投入到汽油機研究上，每天都夢想能製造出一部汽車。他的創意被大發明家愛迪生所賞識，愛迪生邀請他到底特律公司擔任工程師。經過十年努力，在廿九歲時，福特成功地製造出了第一部汽車引擎。

福特的成功，不能不歸功於他定位的正確和不懈的努力。明確自己的優缺點，找準自己的座標，才能勾勒出清晰的人生軌跡，走上適合自己的成功之路。

5 看準機會，才能一擊奏效

對任何人來說，能夠看準機會並抓住時機都是非常重要的，這是取得事業成功的必不可少的因素。沒有機會，即便才華橫溢，也未必能夠登上成功之巔；因失掉千載難逢的好時機而遺憾終生的人也不在少數。

弱者等待機會，而強者創造機會。時機雖受各種因素的綜合影響，但不管如何，有一點是肯定的，那就是經過個人的努力，時機是可以把握的。

靈帝中平元年（西元一八四年），黃巾起義爆發，曹操在鎮壓起義軍的戰爭中戰功卓著，被朝廷提拔為濟南相，後又被封為議郎。但當時的官場黑暗，曹操不肯迎合權貴，便辭官回鄉隱居去了。

中平六年（西元一八九年），董卓廢掉了原來的皇帝，立陳留王劉協為帝，這就是漢獻帝。然後，他又自封相國，專擅朝政。這自然引起了其他貴族的反對，一個討伐董卓的集團由此形成。

漢獻帝初平元年（西元一九〇年）正月，十八路諸侯在關東起兵討伐董卓，他們共同推舉袁紹為盟主，曹操也以奮武將軍的身分參加了戰爭。同年二月，董卓見形勢不好，就把漢獻帝送到了長安，然後自己留在洛陽抵禦關東軍。董卓的西北軍戰鬥力很強，所以十幾萬關東軍都龜縮在酸棗（今河南延津北）一帶，誰也不敢去打洛陽。

這時，曹操不管別人怎麼幹，自己帶著他的幾千兵馬殺了上去。結果寡不敵眾，被董卓的大將徐榮打得十分狼狽，幾乎全軍覆沒，如果沒有曹洪的相救，曹操差點性命不保。回到酸棗以後，曹操建議各路諸侯分兵去攻打武關（今陝西丹鳳東南），這樣就可以把董卓包圍，但他的建議根本就沒人採納。

初平三年（西元一九二年），司徒王允與呂布在長安設計除掉了董卓。董卓部將李傕、郭汜為了給董卓報仇，殺入長安城，先殺了王允，接著又去攻打呂布。從此，國家陷入一片混亂，州郡牧守各據一方，形成了諸侯割據的局面。

李傕、郭汜控制長安後，劫持了漢獻帝劉協，在城中燒殺搶掠，無惡不作。後來，漢獻帝的岳父董承聯合各地的力量，把漢獻帝從李傕的手中奪了過來，又把他迎回了東都洛陽。但這時，洛陽早被董卓燒毀，成了一片廢墟，別說皇宮了，連稍微像樣的房子都沒有，漢獻帝和文武官員只得先搭幾個草棚住下。住的問題暫時解決了，但吃的問題還沒有，不要說糧食，就連野草也很難找到，不少大臣餓死在牆角、路邊。

此時，各地的軍閥正忙著擴大自己的地盤，根本沒人有工夫管這個有名無實的皇帝，各地軍閥的混戰又加劇了百姓的苦難。原來的義軍被鎮壓了，又有新的義軍組織起來，他們仍打著黃巾軍的旗號。沒多久，他們就攻下了兗州，殺死了兗州刺史劉岱。

這時候的曹操已經脫離了關東聯軍，自己帶著人跑到揚州去「鬧革命」了。當他到達徐州，聽說劉岱被殺時，他知道自己的機會來了，於是，他立刻派謀士陳宮到兗州去遊說。

這時候，兗州的官吏紳士們正群龍無首，怕得要命，曹操的到來無疑成了他們的救命稻草，所以，他們果斷地擁護曹操當了兗州牧。就這樣，曹操有了自己的地盤，開始安下心來鎮壓黃巾軍。

這時，各地勢力都掌握在軍閥手中，漢獻帝成了徹徹底底的光桿司令。但他畢竟還是名義上的皇帝，所以，袁紹的謀士沮授建議把漢獻帝接過來，到時便可以「挾天子以令諸侯」。但袁紹這個人剛愎自用，根本就沒把這個空頭皇帝放在眼裡，認為有他沒他都無所謂。

與此同時，駐兵許昌的曹操也在為應該怎樣對待這個皇帝而躊躇不定。

就在曹操不知該怎麼辦的時候，他的謀士荀彧對他說：「春秋時期，晉文公重耳保護周襄王，他成了霸主；漢高祖為義帝發喪，他打敗了霸王項羽，建立了大漢王朝。所以我認為，我們應該把落難的皇帝迎接到我們這裡來，這樣做既可以贏得民心，到時還能『挾天子以令諸侯』。我們不能錯過這個時機呀！」

曹操聽了，深為所動，於是立即派曹洪帶領一支人馬到洛陽去迎接漢獻帝。當時，朝中的大臣們以為曹操是來殺皇帝的，急忙發兵阻攔曹洪的人馬。無奈之下，曹操只好親自跑到洛陽去接漢獻帝。他對漢獻帝和眾大臣們說：「我那裡條件比這裡好一點，如果聖上到許昌去，就不用在這裡受苦了。」獻帝和眾大臣苦日子早就過夠了，曹操的話正說進了他們的心坎裡。就這樣，許昌變成了東漢的臨時都城，稱為許都。

到了許都以後，曹操給漢獻帝建造了宮殿，又恢復了上朝的朝儀。曹操自封大將軍，開始用獻帝的名義向各地割據軍閥發號施令。這就是「挾天子以令諸侯」。

機遇就像一個精靈，它來無影去無蹤，令人難以捉摸。在實踐活動中，如果你能在時機來臨之前就識別它，在它溜走之前就採取行動，你就能抓住那轉瞬即逝的成功。

有很多人都在苦苦等待機會，但是，一味地等待機會的降臨是一種非常無知而可笑的想法。千萬不要以爲機會就是一個到家裡來的客人，會在你家門口敲門，等你去開門迎它。僅憑這種祈求和等待，你將永遠無法抓住機會，永遠不可能成功。

人們也許根本不會想到，風靡全世界，曾影響幾代人生活的牛仔褲竟是一個名叫李維·施特勞斯的小商販發明的，他製造的第一條牛仔褲是美國西部淘金工人的工作褲。

十九世紀五〇年代，李維．施特勞斯和千千萬萬年輕人一同經歷了美國歷史上震撼人心的西部移民運動。這場運動不是由政府發動，而是源於一則令人驚喜的消息：美國西部發現了大片金礦。

消息一經傳出，立即在美國刮起了一股向西部移民的風潮。滿懷發財夢的人們，攜家帶口紛紛湧向通往金礦的路途，湧向那曾經一片荒涼、人跡罕至的不毛之地。

在通往舊金山的道路上，高篷馬車首尾相接，滾滾人流絡繹不絕，景象分外壯觀。李維．施特勞斯也受到了黃金的誘惑，毅然放棄了他早已厭倦的文職工作，加入到洶湧的淘金大潮中。一到舊金山，李維．施特勞斯便被眼前的景象驚住了：一望無際的帳篷，多如蟻群的淘金者，他的發財夢頓時被驚醒了一半。

難道要像他們一樣忙忙碌碌而無所收穫嗎？不！

也許是猶太人血統裡天生的經商天分在李維．施特勞斯的身上起了作用，他決定放棄從沙土裡淘金，轉而從淘金工人身上淘金。

主意已定，李維．施特勞斯用身上所有的錢物開辦了一家專門針對淘金工人銷售日用百貨的小商店。這一獨具慧眼的決定，為他今後發財致富奠定了良好基礎。

小商店開業以後，生意十分興旺，日用百貨的銷售量很大。李維・施特勞斯整日忙著進貨和銷貨，十分辛苦，但利潤也非常豐厚。在同行小商販中，李維・施特勞斯因吃苦耐勞和善於經營而小有名氣，商店的生意也越做越好。為了獲取更大的利潤，他頻繁外出拓展業務。

一天，他看見淘金者用來搭帳篷和馬車篷的帆布很暢銷，便乘船購置了一大批帆布準備運回淘金工地出售。在船上，許多人都認識他，他捎帶的商品還沒運下船就被搶購一空，但帆布卻無人問津。

船到碼頭，卸下貨物之後，李維・施特勞斯開始高聲叫喊推銷他的帆布。他看見一名淘金工人迎面走來，於是趕緊迎上去拉住他，熱情地詢問：「您是不是要買一些帆布搭帳篷？」

淘金工人搖頭說：「我不需要再建一個帳篷。」他看著李維失望的表情，建議說：「您為什麼不帶些褲子來呢？」

「褲子？為什麼要帶褲子來？」李維驚奇地問道。

「不經穿的褲子對挖金礦的人來說一錢不值。」這位金礦工人繼續說道：「現在，礦工們所穿的褲子都是棉布做的，穿不了幾天就磨破了。如果用這些帆布來做褲子，既結實又耐磨，說不定會大受歡迎。」

乍一聽到這番話，李維以為他是在開玩笑，但轉念一想，卻覺得很有道理，何不試一試呢？於是，李維．施特勞斯領著這位淘金工人來到裁縫店，用帆布為他做了一條樣式別致的工人褲。這位礦工穿上結實的帆布工人褲高興萬分，逢人就講他的這條褲子。消息傳開後，人們紛紛前來詢問，李維當機立斷，把剩餘的帳篷布全部做成工人褲，結果很快就被搶購一空。

一八五〇年，世界上第一條牛仔褲就這樣在李維．施特勞斯手中誕生了，它很快風靡起來，同時也為李維．施特勞斯帶來了巨大的財富。

世上有些人能取得輝煌的成就，不一定是因爲他比你聰明，而僅僅是因爲他比你更懂得把握機遇。人們需要以百倍的勇氣和耐心在崎嶇人生之路上慢慢摸索，機遇往往在險峰之間，它只鍾情於那些不畏艱難困苦的人。

6 堅持不懈，終有所成

「老驥伏櫪，志在千里；烈士暮年，壯心不已。」曹操一生經歷過輝煌，也遭遇過慘敗。可是到了晚年，他依舊充滿戰鬥力，不願意服輸。他心中懷著偉大的政治理想，那就是統一天下。他畢生都在爲實現這個理想而努力。

西元一九〇年，曹操做出了一生中最重要的決定，扯旗募兵討伐董卓，那一年他三十五歲。

等到他最終統一北方，揮師南下時，已經五十二歲了。儘管他在赤壁遭遇了最慘重的失敗，可是這並未動搖他完成統一霸業的決心。很快，他又重振旗鼓，等待時機，蓄勢待發。

他清楚眼下要想跨過長江已不現實，於是率領重兵挺進西南，準備由西往南再向東謀求統一之路。五十六歲時，曹操與馬超戰於潼關；六十歲時，他西征張魯，進至漢中；後來他佔據漢中，返回鄴都，親耕籍田，以此來鞏固「屯田制」的成果。

就在他病逝的前一年，漢中失守，他準備由斜谷到陽平，與劉備展開殊死搏鬥。儘管他一生並沒有真正實現統一中國的宏願，可他「志在千里」的願望卻在不斷激勵著一代又一代奮發進取的人。

要想做一個成功的人，就必須摒棄急於求成的激進心理，以一種平和的心態踏踏實實地走好每一步。只有做到這一點，才不會在築造事業大廈時出現「踩空」現象。

對很多人來說，美國西部是一個充滿誘惑力的地方。為此，很多人都跑到那裡打工，夢想從那裡撈到一桶金，闖出一片天地，艾倫與太斯也不例外。

艾倫與太斯相識在前往美國西部的路上，二人提起去打工的事情，雙雙勾勒起未來美好的藍圖。到了美國西部後，他們開始不斷地尋找機會。

有一天，二人同行，發現地上有一枚硬幣。艾倫看也不看，抬著頭徑直走了過去，而太斯卻低下頭將硬幣拾了起來。

艾倫用鄙夷的目光看著太斯，想：「一個硬幣都要撿，真沒出息，這樣的人怎麼能成大事？」而太斯卻認為：「看著錢在自己的腳下溜走，這樣的人怎麼能成就事業呢？」

一次偶然的機會，兩個人被同一家公司錄取。由於公司規模不是很大，所以分工沒有那麼細，時常要一個人做三個人的事情，但他們的工資待遇卻不高。艾倫對這份工作不太滿意，沒幹多久就離開了；而太斯卻快樂地接受了，並且努力地工作著。

艾倫之後又進了一家公司，他總在不斷地努力尋找機會。兩年後，艾倫與太斯在街上相遇。這時的太斯已經闖出了一片屬於自己的天地，擁有屬於自己的公司，而艾倫則仍然一事無成，兩年來沒有一個固定的工作。

艾倫不理解地問：「太斯，你連一個掉在地上的硬幣都要撿，這太沒出息了，可為什麼你能做出一番大事呢？」

太斯只說了一句話：「路要一步一步地走。」

不願意從小事做起的人註定無法獲得成功。大錢從何而來？還不是靠小錢的積累嗎？小錢都抓不住，如何掌控大錢？每個人都希望在事業上取得成功，幹出一番「驚天動地」的大事，然而，希望雖然美好，但在實現它的時候還需要付出努力，才能一步一步地實現目標。

第二章

雷厲風行，敢闖敢幹才是本事

敢想敢幹、立即付諸行動、果斷處事歷來是曹操的做事風格，他這種快刀斬亂麻的做法，不僅展示了自己非凡的政治才幹及膽識魄力，也在當時紛亂的局面中為自己贏得了更多機會，消除了無數隱患。

每個人都有一定的安全區，你想跨越自己目前的成就，就不要劃地自限。勇於接受挑戰，充實自我，你一定會發展得比想像中更好。

1 敢想敢幹，積極行動

英國著名詩人艾略特曾說過：「世上沒有一個偉大的業績是由事事都追求穩操勝券的猶豫不決者創造的。」無論做什麼工作，考慮得差不多了，就去大膽行動，而不要等到所有條件都具備，準備得十全十美之後才去行動，敢想敢幹才能把握住轉瞬即逝的機會，收穫最大的收益。

光和三年六月，漢靈帝詔令公卿每人推薦一個通曉《尚書》《毛詩》《左傳》和《穀梁傳》的士人，任為議郎。曹操因通曉古文經學，被拜為議郎，議郎屬於皇帝的文書班子，隨時聽命皇帝的調遣，雖然沒有具體的職掌，卻擁有議政的權力。

在此任職期間，曹操儘管沒有實權，但充分發揮了自己的議政權力，敢想敢幹，針砭時弊，在獻計獻策上，不怕得罪當朝權貴。最著名的一件事是上書為竇武、陳蕃申冤鳴不平。

這件事雖然不大，卻不是一般人能做的，但曹操不僅想到了，也付諸了行動。他上書朝廷，為宦官的死對頭——前大將軍竇武和太傅陳蕃鳴冤叫屈。原來，十多年前，這二人由於不滿宦官專政，欲誅殺那些掌握實權的宦官，不料走漏了消息，宦官先發制人，將兩人殺害。

通過這件事，曹操可以說是明目張膽地與宦官對著幹。曹操想通過這次翻案來衝擊宦官勢力，顯然不是一時的心血來潮，而是經過深思熟慮的。當時，東漢皇朝正處於社會危機大爆發前夕。一方面，以張角為首的秘密組織太平道正四處串聯、圖謀造反；另一方面，遭禁錮的「黨人」情繫社稷安危，要求驅除宦官，革新政治。身處其中的曹操，自然感受到了時局即將面臨大的變化。為竇武、陳蕃鳴冤叫屈，體現了他的憂患意識，以及重新起用「黨人」的意願。

正是看到了其中的諸多利害關係，曹操才果斷抓住此案，甘冒風險，進行很可能會「牽一髮而動全身」的挑戰。

分析好利弊關係，雖然事情棘手，選擇了就會付諸行動，曹操的果敢及做事魄力可見一斑。

在法國南部一個小城裡，住著一群人。他們從來沒有離開過小城，所以一直以為小城是世上最美麗、最富饒的地方。

一位外地的客商路過小城，客商告訴他們：小城是一個極不起眼的地方，小城之外，有很多地方都比它更美麗、更富饒。

聽了客商的話，小城中的人們決定出去走一走，開開眼界。

有了這個想法之後，他們決定在出發前做一份周全的計畫。他們根據客商的描述制訂了一份內容詳盡的計畫，客商離開小城前，留給他們一本關於旅行的書。根據這本書介紹的內容，他們覺得最初制訂的計畫不夠周全，於是又加入了一些新的條款。

經過幾次修改和完善，終於有了一份完整的出行計畫，可他們還是不能立即出發，因為出行計畫上羅列的許多東西他們還沒有準備好。他們要買地圖，但由於從來沒有走出過小城，所以他們只能等從外面來的商販。

等了很久，他們才從商販手中買了好幾份地圖，不過商販告訴他們，如果想到更遠的地方旅行，最好用地球儀，於是他們又等待賣地球儀的商販進城。

過了一段時間，他們終於等到了地球儀；在買了地球儀後，他們發現還需要火車時刻表；有了火車時刻表後，他們又發現還需要指南針；在這些東西都準備好之後，他們又覺得還需要一個行李箱；行李箱準備好後，又發現沒有鎖，出門不安全，於是又找鐵匠打了一把十分保險的鎖……

等人們把一切都準備好之後，他們才發現自己已年老力衰，根本沒有足夠的力氣去實施當年制訂的計畫。況且，他們當初的那份雄心壯志早已被時間消耗殆盡，最後，他們不得不老死在小城中。

空有計劃而不付諸實踐，永遠都不可能成功，就像故事中小城的人們一樣，計畫雖然天衣無縫，極盡完美，但他們始終不敢將計畫付諸實踐。這種前怕狼後怕虎的猶豫態度，最終也使得他們完美的計畫付諸東流，沒有任何實際效果。

邁出成功的第一步總是很艱難的，這需要莫大的勇氣和決心，而將想法付諸實踐便是實現夢想的第一步。只有踏出了這一步，你才能邁上成功的大道。畏畏縮縮，遲遲不肯行動，再完美的計畫和想法都會付諸東流。

一個在事業上有所成就的人，身上必然會閃耀著思想的火花，正如賈伯斯說的那句話：「只要敢想，就沒什麼不可能。」如果我們禁錮了自己的思想，成功永遠都不可能眷顧我們，唯有勇敢而大膽地去設想，才能讓一切不可能全部變成可能。

俗語有云：「夢想有多大，舞臺就有多大。」在漫長的人生旅途中，我們難免會遭遇困難，有些人被眼前的困境局限，不敢設想未來的美好，最後只能碌碌無為地了卻此生。殊不知，那些只是一時的障礙，只要我們大膽地設想，就能夠激勵自己突破重圍。

自古蓋房子出售，都是先蓋好房再出售，這似乎是天經地義的事情。但香港商界奇才霍英東卻來了個反其道而行之——「先出售，後建築」。這一打破常規的冒險行為，創造了一種全新的經營模式，使他邁上了由一介平民到億萬富豪的傳奇創業之路。

霍英東是香港立信建築置業公司的創始人。在香港人的眼中，他是個「奇特的發跡者」。「白手起家，短期發跡」「無端發達」「輕而易舉」「一舉成功」等，這些議論將霍英東的發跡蒙上了一層神秘的色彩。霍英東的發跡真的那麼神秘嗎？不，他主要是運用了「先出售，後建築」的冒險高招。

霍英東做生意有一個可貴的特質，那就是不錯過任何一個機會來發展自己的事業。二十世紀五〇年代，霍英東獨具慧眼，看出了香港人多地少的特點，認準了房地產業大有可為，於是毅然傾其多年積蓄，投資到房地產市場。

這無疑是很大膽和冒險的行為，如果失敗，他可能會血本無歸，傾家蕩產，但幸運的是，他賭對了。從一九五四年開始，他著手成立了立信建築置業公司，每日忙於拆舊樓、建新樓，又買又賣，大展宏圖，用他自己的話說，他「從此翻開了人生嶄新的、決定性的一頁」！

在他以前的房地產業，都是先花一筆錢購地建房，建成一座樓宇後再逐層出售，或按房收租。這種方法雖然穩妥踏實，但對於快速發展的事業卻頗為不利。霍英東通過反覆思考後想到了一個妙招，即預先把將要建築的樓宇分層出售，再用收來的資金建築樓宇，也就是先售後建。

這一先一後的顛倒，使他得以用少量資金辦大事。原來只能興建一幢樓房的資金，他可以用來建築幾幢新樓，甚至更多；同時，他又有了較雄厚的資金購置好地皮，採購先進的建築機械，從而提高建房品質和速度，降低建造成本。更具競爭力的是，他的樓宇位置比同行更優越，價格卻比同行更低廉。此外，他有時還會採用分期付款的預售方式，使人人都能買得起房。

這種如今看似稀鬆平常的銷售手法，在當時無疑是石破天驚般的創新和冒險舉動。霍英東的做法開創了大樓預售的先河，成就了房地產全新的經營模式。

短短幾年，立信建築置業公司所營建、出售的高樓大廈就遍佈香港島、九龍地區，打破了香港房地產買賣的紀錄。這個既不是建築工程師出身，又非房地產經營老手的年輕人在不長的時間裡便成了赫赫有名的樓宇住宅建築大王，資產逾億萬的大富豪。

霍英東的冒險精神成就了他的大業。沒有行動，想得再多也是徒勞；即使是向前跨進一小步，也要比在原地等好得多。在實踐中進行不同嘗試，先做起來，你才能從過程中得到經驗，並根據經驗不斷改進，繼續前進。切記一點，機會來了就行動，別等待，如果一直等待，再大的決心也會被磨平。只有先做，才能維持心中旺盛的激情，在行動中變得更踏實，因爲「行動將會使猛獅般的恐懼減緩爲螞蟻般的平靜」。

當你明確了自己的行動思路，並制定了相應的行動目標之後，還有一個最關鍵的環節，那就是將你的目標和規劃付諸行動，否則，一切都是空談。

2 勇於冒險，自古富貴險中求

成大事的人能夠直面風險，他們知道，幹事業有時就是一場賭博。實際上，所有的人生決策都是賭博。人生能有幾次搏，只有敢於拼搏的人，才能有燦爛的明天。

曹操喜歡詐術，可以說是來自天性。在他幾十年的政治生涯中，詐一直是他的本色。事實上，在群雄逐鹿的年代裡，詐是一種環境氛圍，也是一種生存本領。詐其實就是一種冒險，成功了，萬事大吉；失敗了，聲名狼藉。所以，只有勇敢和智慧兼具的人才敢於冒險，甘於冒險。曹操一生縱橫捭闔，東征西討，玩弄皇帝於股掌之中，權術謀略用的爐火純青，難怪被人稱爲「治國之能臣，亂世之奸雄」。

袁紹要渡河與曹軍對陣，沮授出來勸說袁紹：「我們的人雖多，但不及曹兵英勇善戰。不過，曹操的糧草少，我們的糧草多，曹操急於和我們交戰，而我們最好的策略是拖延時間，所以，應打持久戰，拖垮曹操。」可惜袁紹的耳朵只能聽進諂媚之語，聽不進正確的計謀，他一意孤行，命令大軍向前推進，渡過黃河，緊靠沙灘築營，東西連綿數十里。曹操大軍也向兩翼展開，構築陣地，雙方遙遙相對。

這時，曹操駐守官渡前線的士兵只有一萬多人，又有許多是傷患，因此，他決定採取速戰速決的戰略，主動發起攻擊，但打了一陣，不能取勝，只得收軍退回營壘。

袁紹在營中堆土成山，建立高樓，向曹操軍營射箭，曹操軍營完全暴露在敵人射程之內，官兵們要用盾牌蒙頭才敢通行。曹操下令製造「霹靂車」（一種拋擲巨石的攻城車輛），用於攻擊袁紹營中高樓，將高樓一一打倒。袁紹再挖掘地道，曹操則在營內挖掘橫溝阻擋。過了一個月，曹軍糧食越來越少，士氣也逐漸低落。

面對這種情況，曹操打算退回許昌，以後再與袁紹決戰。

曹操寫信給留守許都的荀彧徵求意見，荀彧回信說：「今軍食雖少，未若楚、漢在滎陽、成皋間也。是時，劉、項莫肯先退，先退者勢屈也。公以十分居一之眾，畫地而守之，扼其喉而不得進，已半年矣。情見勢竭，必將有變，此用奇之時，不可失也。」

荀彧的這封信對於曹操取得官渡之戰的勝利具有關鍵性的意義。最終，曹操聽了荀彧的建議，駐兵官渡，「困獸猶鬥」。

袁紹並非無能之輩，他曾試圖分兵擾亂曹操後方，派劉備去聯合汝南劉辟掏曹操的老窩。不出袁紹所料，劉備進兵，「自許以來，吏民不安」。但劉備等人「新將紹兵，未能得其用」，被曹操部將曹仁戰敗。

這樣拖拖延延，到了建安五年九月，袁紹大將韓猛運千車糧草來到官渡。

荀攸對曹操說：「紹糧車旦暮至，其將韓猛銳而輕敵，擊可破也。」對曹操而言，截留或燒掉袁紹的糧草已成當務之急，否則，袁紹糧草的增加勢必會更加堅定袁紹戰勝他的信心，穩定袁軍軍心。於是，曹操派人截擊韓猛。韓猛抵擋不住，撥馬回走，徐晃催軍燒盡輜重。

曹操派徐晃深入袁紹防區燒袁軍糧草本身就是冒險，成功的把握到底有多大，恐怕連曹操自己也說不清楚。如果徐晃陷入重圍，張遼、許褚的援軍又被截斷，那麼曹操的燒糧計畫不但無法實現，徐晃所率的燒糧部隊也完全有可能全軍覆沒。然而，曹操的冒險成功了，他不但燒毀了袁紹數千輛糧車，而且挫傷了袁軍的銳氣。

曹操燒掉袁紹的糧車後，並未從根本上改變戰爭格局，袁紹的大批糧草仍囤積在烏巢，未受絲毫損失。相反，曹操的糧草已所剩無幾。

為擺脫困境，曹操派人到許昌催糧，沒想到催糧人被袁紹的謀士許攸抓獲。許攸得知曹操糧草告急，勸袁紹分兵偷襲許昌，剛愎自用的袁紹懷疑許攸和曹操的關係，竟不採納許攸的建議，白白丟掉了戰機。受袁紹猜忌的許攸投奔到曹操營寨後，馬上建議曹操派一支精兵偷襲袁紹的囤糧之所，這個風險極大的建議引起了曹操身邊許多人的懷疑。

張遼認為：「袁紹囤糧之所，安得無備？丞相未可輕往，恐許攸有詐。」荀攸、賈詡則勸曹操接受許攸的建議，曹操毫不猶豫地採納了偷襲烏巢的建議，親自帶領一支部隊趁著夜色向烏巢進發。

曹操此次孤注一擲的冒險成功了，他像孫悟空鑽進牛魔王的肚子裡一樣，帶著五千人馬鑽到了幾十萬袁軍的大後方。

他所面對的是兩萬多烏巢守軍，在淳于瓊的軍隊還未被消滅的時候，袁紹所派的援軍就已趕到，曹操陷入了腹背受敵的境地。置之死地的士兵一看已無路可退，紛紛響應曹操的號召，背水一戰，奮勇殺敵，終於以劣勢的兵力打垮了袁軍的前後夾擊，為曹操徹底扭轉戰局奠定了堅實的基礎。

官渡之戰以曹操大獲全勝和袁紹全軍覆沒而告終。如果曹操沒有兩次冒險的成功，僅靠自己的實力和袁紹硬拼，兵微將寡、糧草不足的曹軍即使破釜沉舟，也很難阻止數十萬袁軍進攻的步伐；如果袁紹破壞了曹操兩次膽大包天的冒險行動，官渡之戰就可能是另一個結局。

曹操官渡之戰兩次冒險之所以能獲得成功，一個很重要的原因就是機會把握得好。

第一次冒險燒糧是在袁紹初戰告捷之後，袁軍氣勢正盛，疏於防範。曹操出其不意，攻其不備，利用袁紹痲痹大意之時發動突然襲擊，成功自然在情理之中。同樣，如果袁紹在派韓猛押運糧草的同時，另派一員大將在糧道上埋伏，徐晃的燒糧行動不但可能化為泡影，帶去的人馬也難以逃脫全軍覆滅的厄運。

當然，光靠機會，冒險也不一定成功，如果沒有成熟的自然條件，冒險者只會落個玩火自焚的結局。曹操燒袁紹糧草時，正值秋季八九月間，這時秋高氣爽，風急乾燥。徐晃截燒韓猛糧草的晚上，韓猛的運糧車正行走在山谷中。秋季本就風大，山谷中風力自然更大，所謂火借風勢，風助火威，韓猛的數千輛糧車頃刻間便化為灰燼。

曹操偷襲烏巢時，月明星稀，到烏巢後，天已快亮，黎明前風勢正猛，曹軍四處放火，「一霎時，火焰四起，煙迷太空」，糧草、營寨一眨眼化為烏有。如果燒糧時陰雨連綿、烏雲密佈，曹操火種、乾柴帶得再多，也很難燒掉袁紹的糧草。

官渡之戰的勝利確實與曹操敢於冒險有很大關係，它是曹操一生以冒險求發展的一個縮影。

要成大事，肯定要承擔一定的風險，世間沒有絕無風險的成功機會。沒有風險的機會，必定沒有多大的成就空間。

人生本身就是一種挑戰，冒險與收穫是結伴而行的，要想有豐碩成果，就得敢於冒險。同樣是失敗，嘗試後再失敗比不嘗試就失敗有價值得多。

3 敢為天下先

成功的第一要義便是敢想敢做，出手果斷，正所謂「十個好點子不如一次真行動」。只有敢於冒險，敢爲天下先，敢於第一個吃螃蟹的人，才能真正地在社會中縱橫捭闔，成爲人人景仰的成功人士。

有人曾經說過，陰謀主靜，陽謀主動，對曹操來說，無論是陰謀、陽謀，都需要腳踏實地地去實施。一百個想法，不如一次實際行動。曹操的成功告訴我們，敢戰者方能成功。

東漢末年，政治黑暗。外戚和宦官勢力的激烈鬥爭導致皇權易位成為旦夕之間的事。手握重兵、殘暴專橫的並州牧董卓帶兵進京，經過一番瘋狂的殘殺、掠奪，董卓成了一個控制著皇帝，橫行於世，誰也奈何不得的霸主，其淫威如日中天。而在這時，曹操卻毅然不受董卓之召任，逃出洛陽，在陳留招兵買馬，建立起了一支由曹操的宗族家兵為基本力量的僅有五千人的武裝，以這支武裝為基礎，曹操走上了討伐董卓以及後來的霸主之路。

中平六年（西元一八九年）十二月，曹操在陳留郡正式起兵。當時各地州牧郡守有的還在積極籌備，有的甚至還在猶豫觀望，只有陳留太守張邈與曹操互相呼應，共同籌劃，與他同時起兵。

曹操雖然兵少，主觀上也不想多招兵，但他沒有被動地等待機會，沒有消極地保存自己的力量，而是首舉義兵，為天下倡，表現出了非凡的膽識、氣魄和勇氣，這對迅速掀起反董鬥爭的高潮起了十分關鍵的作用。

第二年正月，繼曹操、張邈之後，函谷關以東各州郡也紛紛起兵討伐董卓，主要有後將軍袁術、冀州牧韓馥、豫州刺史孔仙、兗州刺史劉岱、河東太守王匡、渤海太守袁紹、東郡太守橋瑁、廣陵太守張超（張邈之弟）、山陽太守袁遺及騎都尉鮑信等人。荊州刺史劉表得知消息後，也聚兵屯駐襄陽，與義兵遙相呼應。長沙太守孫堅則率兵北上，準備直接投身討董運動。

由曹操首倡的關東聯盟以討董救國相號召，而實際上卻同床異夢、各懷異心，他們只想保存實力，並沒有同董卓真正交鋒的打算。

對此，曹操十分失望，他氣憤地對各路將領說：「起義兵而誅暴亂，今大軍會合已齊，現在還有什麼疑慮的呢？如果我們剛開始舉動，董卓挾持王室，佔據長安、洛陽各地險阻，以皇上的聲威號令天下，儘管他們殘暴無道，但還是讓人擔心的。可現在董卓竟然劫持天子，焚燒宮室，舉國震動，人心惶恐，天怒人憤，這正是他自投羅網，一戰即可定天下，這時機萬萬不可錯失啊！」

諸將對曹操肺腑之詞無動於衷，曹操決定單獨出兵，以此帶動諸將，結果僅鮑信兄弟回應，連張邈也只派衛茲帶了少量士兵隨同作戰，自己依然按兵不動。

曹操無奈，只得靠僅有的兩路人馬奮勇出擊。他準備先占成皋，再做良圖。但不幸的是，進軍途中，曹操在滎陽汴水岸邊與董卓大將徐榮大軍相遇。

曹操部下皆為新兵，訓練不足，董軍卻是久經戰陣的涼州騎兵，曹軍自然不是其對手，激戰一天便敗北了，鮑信受傷，鮑韜、衛茲戰死，曹操也中了箭，多虧曹洪相救才倖免於難。

曹操在陳留起兵，兵敗負傷，以一次未捷的嘗試開始了自己的宏圖霸業。可見，傑出人物在觀大局、處大事上，都有不同尋常之處，其中之一便是不畏強權，敢作敢為，即使失敗了也在所不惜。

汴水一戰，是曹操軍政生涯的一次慘敗，也是他以血的代價換到的一次鼓舞：天下諸侯皆非救時之才，能成事者，操爾！只是，他還必須從頭做起。

也許我們有許多好的想法，有許多可成功的機會，但我們卻始終沒有去幹，最後一事無成，當然，這些話都是在說過去。從今天開始，只要有夢想，請勇敢地站起來，馬上開始行動，勝利就在前方。

亞默爾出生於農民家庭，十七歲就遠離父母外出闖天下。由於他具有敏銳的預見能力，善於捕捉先機，制定正確的投資策略，所以他創造出了一個又一個令人驚嘆的奇蹟，由一個赤手空拳的小農夫，一躍成為千萬富翁和傑出的企業家。

十九世紀中葉，美國人在加利福尼亞發現了金礦。消息傳開後，成千上萬的人帶著發財夢，風餐露宿，日夜兼程，迫不及待地奔向那裡。

在滾滾人流中，有個背著破包裹的，名叫菲力浦．亞默爾的十七歲小夥子也滿懷希望地同大家一起趕路。

亞默爾是帶著「黃金夢」來的，到達目的地後才知道採金並不容易，各地湧來的人太多了，到處都是採金的人，吃飯喝水都成了大問題。

亞默爾和大家一道拼命地埋頭苦幹，在烈日驕陽的曝曬下，人們的汗水不停地流淌。山谷裡氣候異常乾燥，水源缺乏，在這裡，水同黃金一樣貴重。

「誰要是讓我飽飲一頓涼水，我給他兩個金幣！」

掘金人不斷地發出類似的抱怨聲，他們太需要水了。可是在黃金的誘惑下，誰也捨不得花時間去找水。

亞默爾心裡一動：與其跟這麼多人一起漫無邊際地挖金子，何不想辦法搞些水來賣呢？說不定能賺大錢。

於是，亞默爾放棄了採金的工作，用挖金子的鐵鏟挖了一條水溝，把河水引進掘好的水池裡，過濾了細沙後，水變得清澈可飲了。然後，他把水分裝成壺，運到工地上賣，結果，一個個口乾舌燥的淘金狂爭先恐後地搶購亞默爾的水。

這時，有人挖苦亞默爾：「你辛辛苦苦跑到這裡來，不挖金子，卻賣水，真是個大傻瓜！」

任憑人們嘲諷，亞默爾依舊我行我素地賣水。結果，當越來越多的人白白付出了巨大努力卻一無所獲而不得不忍饑挨餓流落異鄉時，亞默爾已經靠賣水賺了六千美元。

俗話說：萬事開頭難。許多事情有一才有二，事物的發展總是從第一做起。但是，做第一個吃螃蟹的人要有充分的勇氣和過人的膽識。上古時期，神農氏嘗百草識其藥性，一日而遇七十毒，如此才有了今天治病救人的本草百藥。可見，做第一個吃螃蟹的人雖然要面臨死亡的危險，但對人類的文明發展來說，卻功德無量。而曹操在他的一生中也總是以卓越的膽識勇爲天下先，做了許多別人不敢做也不能做的事，這才使得他成爲千古梟雄。

4 激情是前行的動力

所謂激情，就是要有一種面對困難敢於克服，面對機遇敢於挑戰，面對艱險敢於探索，面對落後敢於奮起，面對競爭敢於爭先的勇氣。激情不是一個空洞的名詞，它是一種力量，是一種精神支柱。

曹操在《龜雖壽》中寫道：「老驥伏櫪，志在千里。烈士暮年，壯心不已。盈縮之期，不但在天。養怡之福，可得永年。」

《龜雖壽》是曹操在垂暮之年寫的一首詩，他自比一匹上了年紀的千里馬，雖然形老體衰，屈居櫪下，但胸中仍然激蕩著馳騁千里的豪情。曹操認爲，有志幹一番事業的人，雖然到了晚年，但一顆勃勃雄心永不會消沉，對宏偉理想的追求永不會停息。

曹操的這首詩抒發了一種老當益壯、積極進取、志在建功立業的豪情。縱觀曹操的一生，他是這樣寫的，更是這樣做的。

滿懷激情，積極進取，正是曹操一生戎馬生涯的真實寫照。就如陳壽在《三國志》中對曹操的評價：「漢末，天下大亂，雄豪並起，而袁紹虎視四州，強盛莫敵，太祖運籌演謀，鞭撻宇內，攬申、商之法術，該韓、白之奇策，官方授材，各因其器，矯情任算，不念舊惡，終能總御皇機，克成洪業者，惟其明略最優也。抑可謂非常之人，超世之傑矣。」

從陳壽的字裡行間，我們可以看到曹操戎馬一生、一刀一槍打天下的，激情燃燒的人生、無憾的人生。

賴瑞·埃里森可以說是世界上最瘋狂、最富有激情的企業家之一。

埃里森是典型的技術狂人，他個性張揚，喜歡與人爭鬥，更熱衷於與微軟的比爾·蓋茲進行較量。

關於埃里森，在矽谷曾流傳這麼一個笑話：上帝和賴瑞·埃里森有什麼區別？上帝不認為自己是賴瑞·埃里森。埃里森的狂妄自大是眾人皆知的事。埃里森這種極富進取精神的好勝天性，使他展現出來的永遠是一種咄咄逼人的氣勢。

埃里森的進取個性反映在公司經營上就是：他給公司制定出每年業績增長百分之百的目標——百分之百這個數字是令他著迷的魔咒。這個增長率高於二十世紀八〇年代其他任何一家公司。

除了埃里森，幾乎所有人都認為這是無法實現的荒唐目標。但正是在近乎瘋狂的埃里森的帶領下，甲骨文公司獲得了極速的發展，甲骨文在成立的最初十二年中，有十一年軟體銷售額實現了百分之百以上的增長幅度。公司從第一年的四名員工、幾十萬美元的收入起家，突飛猛進到一九八九年的四千多名員工、年銷售額達五億八千多萬美元。九〇年代初期經過一陣混亂和調整後，甲骨文公司繼續高速發展，成為年銷售額達數十億美元的世界第二大軟體公司。

激情讓人相信任何事情都有解決的辦法，關鍵在於你的對策是否切實、有效、具有針對性。激情促使人們想方設法找到問題癥結，尋求對症下藥的良方，讓困難在自己面前低頭。面對同樣的問題，激情的勇者想的是如何設法化解、戰勝；懦弱者，想的則是如何一停二看三逃避。一樣的難題，一樣的挑戰，不同的態度不僅體現出不同的思想境界，而且必然帶來不同的發展局面和後果。

美國《今日心理學》雜誌曾報導，一般人可能認爲，成功只需要一個聰明的腦袋，但事實上，對於大多數成功者來講，聰明並不是第一位，更重要的是激情。

的確，激情常常能激發人產生意想不到的創意。激情會使人的大腦保持長時間的興奮，使思想隨意碰撞、交織、融會，創意便常常在其中誕生。並且，人擁有激情，便會習慣於從任何事物中發掘其本質，激發自己的靈感。激情還能使人敢於謀事，善於做事，讓創意付諸實踐。

如果我們留意身邊，就會發現，有些人專業知識並不過硬，人也不是很聰明，卻常常能取得令人想不到的成就，這是因爲他擁有追求理想的激情。

現今的我們正置身在一個欣欣向榮的大時代，正當是大有作爲的時候。雖然在前進的道路上會有許多困難和挑戰，但即使這樣，我們也應該正確面對，敢於拼搏，勇於克服。只有始終保持一顆不斷進取之心、一股激情勃勃之氣，才能始終堅定自己追趕、超越、必勝的信念，最終取得成功。

當然，激情並不等於頭腦發熱、盲目決策、好高騖遠，更不等於隨心所欲、目中無人、爲所欲爲，而是從客觀實際出發，積極樂觀地面對現實，刻苦奮進，銳意進取，開拓創新。如此，才能實現自己的理想、奮鬥目標和人生價值。

—第三章—

能容能恕，大度方容天下事

人有多大的度量，就能幹多大的事業。能容天下之事，才能容天下之人；能容天下之人，才能彙聚天下英才於麾下，並形成勢力。曹操深知絕不可以怨服怨的簡單道理。以牙還牙，以毒攻毒，雖然可以解一時之氣，卻難以平息由此產生的嚴重後果。

1 有度量，得饒人處且饒人

一個人應該懂得得饒人處且饒人的道理，絕對不能堅持用一種仇恨、憤怒的態度去斤斤計較。這樣的人，只會增強別人的敵意，搞壞身邊人的心情，同時也給自己的事業帶來損失。

有人認爲，寬恕是一種文明的責罰。只有在有權力責罰卻不責罰的時候才是寬恕，在有能力報復而不報復的時候才是饒恕。

欲成大事者，必要有這種大度的氣魄，老子所說的「甘願做天下的溪澗，甘願做天下的川谷」就是這個意思。所以，孔子說：有盛德的人不輕佻、欺侮，輕佻、欺侮的君子會蒙蔽人心；輕佻、欺侮的小人欺罔而盡人力。一個人沒有大度的氣魄是不會有什麼了不起的成就的。這種內在的優良德性發揮出來，便是常人所說的「大度」。

三國時期，諸侯割據稱雄，各個勢力長期混戰，力量此消彼長。曹操在這個過程中逐漸強大起來，成為唯一能和袁紹相抗衡的力量。

不過在當初，袁紹的實力比曹操強大得多，所以曹操手下的不少謀士都與袁紹有書信上的秘密往來，因為他們害怕曹操被袁紹兼併以後自己沒有退身之路。

官渡之戰結束後，在清理戰利品時，曹軍從袁軍大營裡繳獲了一大摞書信，都是曹操的部下寫給袁紹的密件。那些寫了信的人見秘密即將敗露，一個個膽戰心驚，不知如何是好。

正當眾人緊張萬分之際，曹操卻當著大家的面，把那些信全部燒掉了，並對他們說：「過去的就讓它過去吧，以前我們就像是雞蛋，而袁軍就像是石頭，我也在為自己的退路擔心，我的屬下這麼做，我完全能夠理解。」

那些提心吊膽的人見曹操如此寬容，又目睹那一大摞書信在烈火中化為灰燼，個個如釋重負，感到空前的輕鬆，不由得流下了感激的淚水。

那些給袁紹寫過信的人，此後都成了曹操忠實的謀士，他們爭相出謀劃策，為曹操的稱霸貢獻自己的力量。

心胸寬則能容，能容則眾歸，眾歸則才聚，才聚則事業強。因此，想要成就大事業，必要有容人、容智、容物、容事的度量。

上官婉兒是李唐時期五言詩「上官體」的鼻祖上官儀的孫女。上官儀是唐初重臣，曾一度官任宰相，後因參與高宗的廢后行動被武則天發覺，上官儀與其子被斬，上官婉兒與母淪為宮婢。

婉兒十四歲的時候，太子李賢與大臣裴炎、駱賓王等策劃倒武政變，婉兒為了報仇也積極參與其中，後事情敗露，太子被廢，裴炎被斬，駱賓王亡命天涯，但上官婉兒卻被武則天所赦。

上官婉兒十四歲時曾作了一首名為《彩書怨》的詩，被武則天無意中發現。武則天不相信這麼好的詩是出自一位女孩之手，便以室內剪綵花為題，讓她即興作一首五律詩，並且要用和《彩書怨》一樣的韻。

婉兒略加凝思，很快寫出：「密葉因裁吐，新花逐剪舒。攀條雖不謬，摘蕊詎知虛。春至由來發，秋還未肯疏。借問桃將李，相亂欲何如？」

武則天看後，連聲稱好，並誇她是一位才女。但對「借問桃將李，相亂欲何如」裝作不解，問婉兒是什麼意思。

婉兒答：「是說假的花，足以亂真。」

「你是不是在含沙射影？」武則天問道。

婉兒十分鎮靜地回答：「天后陛下，我聽說詩是沒有一定解釋的，要看解釋的人心境如何。陛下如果說我在含沙射影，奴婢也不敢狡辯。」

「答得好！」武則天不但沒生氣，還微笑著說：「我喜歡你這個倔強的性格。」接著，她又問婉兒：「我殺了你祖父，也殺了你父親，你對我應有不共戴天之仇吧？」

婉兒依舊平靜地說：「如果陛下以為是，奴婢也不敢說不是。」

武則天誇她答得好，還讚揚了她祖父上官儀的文才，並指出上官儀起草廢后詔書之罪實難饒恕，希望上官婉兒能夠理解她、效忠她。

但武則天的話並沒有消除上官婉兒的仇怨，她最後還是參與了反對武則天的政變。東窗事發後，執法大臣提出按律「應處以絞刑」；若念其年幼，也可施以流刑，即發配嶺南充軍。而武則天則認為：據其罪行，應判絞刑，但念她才十幾歲，若再受些教育，是可以變好的，所以不宜處死。

而發配嶺南，山高路遠，環境又惡劣，對一個少女來說，等於是要她的命，懲罰過重。尤其她很有天資，若用心培養，一定會成為非常出色的人才。最終，武則天下令對上官婉兒處以黥刑，即在她的額上刺一朵梅花，把朱砂塗進去，並決定把她留在自己身邊，「用我的力量來感化她」。武則天還表示：如果連一個十幾歲的孩子都不能感化，又怎麼能夠「以道德感化天下」呢？

武則天此舉讓上官婉兒非常感動。在以後的日子裡，武則天經常對上官婉兒進行精心的指導，不斷地去感化她、培養她，並重用她。上官婉兒也從武則天的言行舉止中瞭解到了她的治國之才、博大胸懷和用人藝術，漸漸地對她消除了積怨和誤解，代之以敬佩、尊重和愛戴，並以其聰明才智替她分憂解難，對她盡心盡力，成了她最得力的助手。

世界上只有一種人能夠做到沒有永遠的敵人，那就是懂得寬恕之道之人，寬恕能夠化解世界上最頑固的敵意和最強烈的仇恨。

正如聖嚴法師所說的：「慈悲沒有敵人，智慧沒有煩惱。」真正的寬容來自博大的胸襟，來自愛人如己的智慧。雖然我們可能做不到像上帝那樣寬容，但在日常生活裡，當別人以惡劣的態度相向時，我們要能忍耐一時之氣，寬容地理解對方，理智地處理問題。

2 一笑泯恩仇，大度能成天下事

人世間仇恨是最難讓人忘掉的。誰都知道，曹操是一個愛恨分明的人，所以曹操仇恨的人一般都沒什麼好下場。但從另一個角度來說，曹操又是一個心胸寬廣的人，當個人利益與天下利益發生衝突的時候，他選擇的總是後者。正因爲如此，才有了曹操與張繡化敵爲友的佳話。

曹操三次南征張繡，第一次失敗，第二次獲勝，第三次互有勝負，基本上打了個平手。

曹操未能消滅張繡，但張繡也沒有足夠的能力進攻許都，南邊的局勢暫時平穩了下來。

在這種情勢下，曹操接受了荀彧的建議，先東征呂布，平定徐州，並打敗了袁術。而在南征張繡的過程中，張繡曾把曹操打得措手不及，將曹操的愛子曹昂、心腹戰將典韋等都殺死了。

建安四年（西元一九九年），曹操與袁紹在官渡一線對峙。此時，曹操想把張繡籠絡過來一起對付袁紹，而袁紹為了對付曹操，也派使者來到穰城，約張繡出兵進攻許都，同時給賈詡寫了一封親筆信聯絡感情。

當時袁紹勢力強大，張繡本打算答應袁紹，誰知，賈詡出人意料地當著眾人對袁紹的使者說：「你回去告訴袁本初，他們兄弟之間尚且不能相容，怎麼能容得下天下國士呢？」

兄弟不能相容，指袁紹、袁術反目為仇、互相攻伐的事。賈詡冷不丁這麼一說，毫無心理準備的張繡不由得大驚失色，脫口而出：「您怎麼這樣說呢？」但賈詡胸有成竹，話已說出，使者只得動身回冀州覆命。

事後，張繡私下惶恐不安地問賈詡：「您這樣處理，我們今後怎麼辦呢？」

賈詡答道：「不如投靠曹公。」

張繡為難地說：「袁強曹弱，我們又同曹操結下了冤仇，怎麼能去投靠他呢？」

賈詡不慌不忙地說出了一番理由：「將軍所說的恰好就是我們應當投靠曹公的原因。第一，曹公奉天子以號令天下，名正言順，從公義出發，我們應當歸附他。第二，袁紹強盛，我們以不多的一點兵力去歸附他，他肯定不會看重；而曹公還很弱小，得到我們這支兵力，肯定會感到很高興。第三，凡有志於建立王霸之業的人，肯定不會斤斤計較個人的恩怨，目的是要以此向天下人表明他胸懷的博大，我看曹公就是這樣的人。這件事請將軍不必再疑慮。」

張繡見賈詡說得入情入理，便不再說什麼。

這年十一月，張繡率部到許都投歸曹操。曹操果然十分高興，親熱地拉著張繡的手，為其設宴款待，並立即任命張繡為揚武將軍。不僅如此，曹操還讓自己的兒子曹均娶了張繡的女兒，兩人做了兒女親家。

曹操這種不計前嫌的做法使張繡內心十分感激，後來每次作戰，張繡都表現得異常英勇。官渡之戰，他因力戰有功，被提升為破羌將軍。在南皮參加擊破袁譚的戰鬥後，封邑被增加到兩千戶。

曹操對張繡的信任也是始終如一，給予張繡的封賞總是超過其他將領。當時因戰亂連年，戶口減耗嚴重，十戶人家裡存活下來的不過一兩戶，因此諸將的封邑沒有能夠滿千戶的，而張繡的封邑卻多達兩千戶，大大超過了其他將領。曹操這樣做，其實只是為了保住這個「樣板」，讓他繼續發揮作用。

曹操收張繡，納張魯，不計私怨，胸襟博大，充分表現了他以長遠的目光看問題，重事業不重私仇的政治家風範。對於政敵的攻擊和爲難，應該採取怎樣的辦法去處理呢?聰明的政治家能夠以博大的胸懷和以德報怨的策略輕易化解它，曹操在這方面就是一個老手。

廣陵人陳琳曾為何進主簿，避難冀州，為袁紹所用。當時，曹操親率大軍東征徐州劉備，田豐勸袁紹援助劉備，袁紹以兒子重病為由，延遲出兵，以致劉備遭曹操擊潰。劉備隻身逃往青州，由袁譚引見投靠袁紹。

劉備向袁紹提供了曹軍現狀及部署的情報，這更強化了袁紹急於南征曹操的想法。

袁紹下令各軍指揮官在黎陽津會合，並視察了前線的戰況。在黎陽軍事會議後，袁紹便命主簿陳琳起草征討曹操的檄文。陳琳素有才名，很快便完成了檄文。檄文上挖出曹操的身世、列舉曹操忤逆行為、揭露其狼子野心、呼籲對其大加討伐。

「司空曹操，祖父為中常侍（太監）曹騰，和徐璜等同時在朝中作孽，貪賄無行，專擅宮廷，傷害教化，虐待百姓，其父曹嵩更不知廉恥，拜曹騰為養父，以金錢賄賂買得官位，不顧官道，亂搞權錢政治，盜取政府高官顯職，敗壞朝廷風氣。曹操就是這些贅閹的後代，本來便沒有好的本質，所以猶狡陰險，好亂樂禍。

「大將軍袁紹，當年統領精軍，掃除宦官之禍。後遇董卓專權，侵官暴民，於是提劍起義。就在這個時候，曹操參加了袁將軍的陣營，以其善於用兵，可作為爪牙之任。不料曹操謀略短小，輕於進退，因而屢次遭到擊敗，損失了不少士卒。但袁將軍仍補充其部隊，並推薦其駐屯東郡領兗州刺史，希望他能發揮武德，為國家多做點事。想不到曹操卻利用此資源，跋扈用權，恣行兇忒，殘害賢良之士。

「曹操兵敗徐州，大本營更被呂布所奪，彷徨於東西戰場，連最起碼的根據地都沒有。袁大將軍本強幹弱枝之義，不忍心見他眾叛親離，故仍對其伸以援手。袁將軍或許並無恩德於兗州百姓，但對曹操而言，可謂仁至義盡了。

「不久，天子蒙塵，袁大將軍無法分心他顧，乃派遣從事中郎徐勳協助曹操修繕郊廟，護衛年輕的天子。更不料曹操乘機掌握朝廷，威脅皇帝公卿大臣，卑侮王室，敗亂法紀，其所愛者，五族同享光榮；其所惡者，夷滅三族。敢公然諷諫者處死，背後批評者暗殺，如此一來，根本沒有人敢對他提出反對，於是曹操更變本加厲，設有盜墓部隊，派任官員負責此無恥的行徑，致使所過之處，無骸不露。觀之歷代政治，無道之臣，貪酷殘忍，以曹操最為嚴重。

「袁大將軍正全力對付北方叛亂，沒有時間整頓內部，所以一再對曹操寬容，希望他能知悔改過。但曹操豺狼野心，潛包禍謀，妄想推倒國家棟梁，孤弱漢室朝廷，除滅忠正之士，專制朝政以為梟雄。

「方今漢室陵遲，綱紀弛絕，朝廷上無輔介之臣，更別談有能力為皇帝的股肱，以和曹操拼命抗衡了。再者，曹操率領禁衛精兵，包圍宮廷，名為守衛，其實是以武力挾持皇上，明明就是準備叛逆篡位的行為。

「如今，曹操又假傳皇上制命，調遣全國軍隊。因此袁大將軍擔心邊遠的軍團不瞭解曹操叛逆的事實，出兵回應，誤受曹操欺騙，為天下有識之士所恥笑，所以特以此檄文通告於全國。即日起，大將軍起幽、並、青、冀四州軍團共同進軍，並以文書會同荊州建忠將軍劉表，協同製造聲勢。全國各州郡軍團也請各整編義軍，並匡社稷，以建立非常之功。能夠斬得曹操首級者，封五千戶侯，賞錢五千萬。曹操的部隊裨將校及其官員，若有投誠之行動，既往不咎。廣宣恩信，佈告天下，希望大家共赴國難，一切行動遵照國家律令，特此聲明。」

陳琳的這篇檄文，兩分事實，三分渲染，五分曲解。不過由於文情並茂，陳述的事實也都有根據，檄文寫好後，就立刻傳令到各處關津隘口張貼。

據說，當時曹操因感冒引發宿疾偏頭痛，一看到陳琳的檄文便毛骨悚然，驚出了一身冷汗，感冒頓癒，偏頭痛也忘掉了，只急著問情報人員這是何人執筆。在得知為陳琳後，曹操反而定下心來，對左右親侍表示：「有文事者，還需以武略濟之，陳琳文事雖佳，怎奈袁紹的武略不足以配合。」

官渡大戰後，袁氏敗，陳琳為曹操所擒，很多人都認為他必死無疑，然而曹操愛其才，不僅沒有處罰他，還任命他為帳下謀士。曹操深知陳琳的檄文只是一件工作，在這方面陳琳表現得極有效率，也就是說這是位人才，因此不忍心殺害他。

有一天心血來潮，曹操對陳琳說：「你的檄文的確寫得很好，以袁紹的立場而言，也把我罵得很有力量，只是，你儘管罵我本人，何必把家祖和家父也罵在一起呢？」陳琳趕忙謝罪。

在曹操帳下，陳琳與阮瑀並為司空軍謀祭酒，管記室。據載：「軍國書檄，多琳、瑀之作也。」其後，陳琳擔任門下督，為倉官掾屬。陳琳後來成為「建安七子」之一，對建安文風的創立和發展做出了很大貢獻。

使徒保羅教誨我們說：「要做完全人，要受安慰，要同心合意，要彼此和睦。如此，仁愛和平必常與你們同在。」原諒是一種風格，寬容是一種風度，寬恕是一種風範。在日常生活中，寬恕能使一個有錯誤的人重新獲得新生的勇氣，使他揚起生命的風帆，勇敢地向人生的光明彼岸進發。

寬容是成就事業的基石，是化解矛盾的最好良藥，同時也是利己利人的法寶。歷史上以寬容成大事、得天下者不勝枚舉。春秋時，趙國名臣藺相如與名將廉頗「將相和」的故事婦孺皆知；齊桓公不治管仲射殺之罪，委以相位，成就了「九合諸侯，一匡天下」的霸業；唐太宗李世民不記魏徵效忠太子建成謀害之嫌，開恩重用，視爲「人鏡」，留下千古君臣佳話；武則天朝臣婁師德不忌狄仁傑對己屢有微詞之隙，力薦接班，使狄仁傑脫穎而出，成爲一代名相。

對你來說，也許寬容是一種理解。理解別人，從中善待自己，站在別人的立場上去思考問題，多多爲他人考慮。假如你真的做到了，你一定會有所收穫。

對我們來說，也許寬容是一種愛。假如你熱愛生活，那就嘗試一下從愛你的家人做起，從愛你的工作做起，從愛你的朋友做起。當你把愛當作習慣，你會發現世界原來可以如此美好，生活原來可以如此甜蜜。

對人生來說，寬容是一種美德、一份責任。生於斯，長於斯，苦於斯，樂於斯，作爲社會的一分子，你有責任讓世界變得更加美好，有義務讓生活在愉快中行進。

寬容不是放縱，而是坦然，是建立在對事物深度認識的基礎上的。寬容更是生活積澱的厚積薄發，是心靈昇華的外在表現。

3 容人所長，學會欣賞他人

海納百川，有容乃大。欣賞別人是一種豁達風度。

三國中幾乎每一個諸侯身邊都圍繞著一個巨大的謀略班子，即使是力量再弱小的諸侯，也會有一兩個忠心耿耿的謀士，這些謀士的出現就像一面面鏡子，折射出領袖人物們內心的胸懷大小以及心智高遠。

呂布與曹操對決，陳宮多次進言，呂布本打算採納陳宮的建議，最終卻被身邊的妻妾三言兩語給打消了念頭，可見，在呂布的眼中，忠心耿耿的謀士還不如被困於內室的女人，從這一點來看，呂布失敗是必然的。

無獨有偶，官渡之戰時，袁紹的第一個謀臣田豐曾勸阻袁紹「宜靜守以待天時，不可妄興大兵」，卻被袁紹押進了監獄。袁紹大敗後，後悔不聽田豐的話，同時又嫉妒田豐的才能，怕沒臉回去見他，於是派人先把田豐殺了。曹操聽說此事後，大喜道：「我的大事可成了。」

與袁紹相反，曹操則勇於正視自己的錯誤，不怕沒面子，有錯即改，廣納建議，多用賢人，終於使他一步一步走上了人生的巔峰。

後來，曹操西征馬超的西涼兵團，遭到驍勇善戰的馬超的頑強抵抗，賈詡作為這次隨軍作戰的總軍師，為曹操出了一個「離間計」，使馬超與軍中大將韓遂互相猜疑，互不信任，在作戰中互相牽制，曹操乘機出兵，大敗西涼兵團，關中大勢即定，曹操統有涼州。

此次西征，賈詡功勞最大。賈詡曾是張繡的第一個謀臣，力勸張繡投靠曹操後，深得曹操的信任，被封為執金吾使，之後成為曹操身邊的重要智囊。南下荊襄時，賈詡隨軍獻計，他反對發動「赤壁之戰」，認為南徵兵團順利取得荊州地區，已達到戰爭的目標，沒有必要冒險奪取江東地區。他主張撤兵，休養生息，以政治戰代替武力戰，此主張與曹操的意見發生了很大的衝突。

後來，戰況果然如同賈詡預料的那樣，赤壁之戰曹操大敗。戰事失敗後，曹操認識到賈詡的高明，後悔不聽賈詡之言，於是更為信任他，這才有了後來西征的勝利。

呂布、袁紹都不能聽從別人的正確意見，或者不能將別人的意見落實，而曹操雖然也犯了同樣的錯誤，但在失敗後卻能夠虛心接受別人的計謀，終究還是得到了不同於呂布、袁紹的結局。所以說，領導人的修養並不是小問題，而是能決定生死存亡的大問題。

在許多問題上，曹操能夠顧大局而棄小節，牢牢把握事情發展的大方向，這個大優點將他喜怒形於色、反覆無常等小缺點都給掩蓋了。而對比之下，袁紹卻顯得十分愚蠢。無怪乎當曹操聽說袁紹未聽謀臣之言而敗，繼而又為掩飾錯誤而殺之，折了河北的棟梁之材時會大喜道：「我的大事可成。」因為在他看來，不容別人所長，知錯而不改正，是領導者失敗的根本原因。

真正有雄心的智慧之士，首先要能容人之長。如果嫉賢妒能，並由此產生嫉恨心理，進而想方設法阻撓別人的發展，甚至千方百計地扼殺別人的前途，那就大錯而特錯了。

美國汽車大王福特家族的起落滄桑，無不與使用人才有關。

福特家族的創始人亨利·福特一世從一八八九年開始，曾兩度嘗試創辦汽車公司，結果都因缺乏管理企業的才能而失敗。失敗使老福特聰明了起來，他聘請了一位叫詹姆斯·庫茲恩斯的管理專家出任總經理。

詹姆斯上任後，實行了三項重大措施：一是進行市場預測，得出結論——只有生產美觀、耐用，定價五百美元左右的汽車才能打開銷路；二是設計世界上第一條汽車裝配流水線，把勞動生產率提高了八十多倍，大大降低了生產成本；三是建立一個完善的銷售網。三條措施的實施，使福特公司在短短幾年裡一躍登上了世界汽車行業第一霸主的寶座，老福特也由此而獲得「汽車大王」的稱號。

但在成功和榮譽面前，老福特開始頭腦發昏，同時由於擔心公司大權旁落，為了保住自己的權力和地位，老福特變得越發獨斷專行，聽不得不同意見，許多人才紛紛離去，連詹姆斯也被排擠出去。從此，福特公司失去了生機，喪失了開發新產品的能力，在長達十九年的時間裡，它只向市場提供一種車型，而且都是黑色的。而這段時間的「墮落」，也給了福特公司的主要對手——通用汽車公司擊敗它的機會。

一九四五年，老福特的孫子福特二世繼承祖業。福特二世是一個懂管理的人才，為了收拾公司的爛攤子，他聘用了一些傑出的管理人才，比如原通用汽車公司副總經理內斯特．布里奇，擔任過美國國防部長的麥克納馬拉，當過世界銀行行長的桑頓等。這些人對福特公司進行了一系列改革，使公司重新煥發生機，利潤連年上升，並推出了一種外形美觀、價格合理、操作方便、適用廣泛的「野馬」轎車，創下了福特新車首年銷售量最高的紀錄，把「福特王國」又一次推向了事業的頂峰。

正當這時，亨利．福特二世又走上了他祖父的老路。因自己年事漸高，生怕家族產業出問題，福特二世開始對公司裡的傑出人才大加猜忌，布里奇、麥克納馬拉等相繼離開福特公司。一九六八至一九七八年，福特二世以突然襲擊的手段連連解雇了三任很有才華的公司總經理，一九七八年解雇的正是有傑出管理才能、後來使瀕臨倒閉的克萊斯勒公司起死回生的艾柯卡。

福特二世的「昏招」使整個公司陷入沉悶壓抑之中，員工們人心浮動，大量人才外流。福特公司從此無所作為，從原有的市場上節節敗退。面對大勢已去的敗局，福特二世不得不辭掉公司董事長的職務，把整個公司的經營權轉讓給福特家族外的專家菲力浦・卡德威爾，結束了福特家族對福特汽車公司七十七年的統治。

法國大作家雨果說：「世界上最寬闊的東西是海洋，比海洋更寬闊的是天空，比天空更寬闊的是人的心靈。」讓我們像大海那樣笑納百川，像高山那樣巍巍矗立，摒棄自卑、自負和自滿，去正確地欣賞別人吧！

每個人身上都有優點與缺點，愛看別人優點的人比總看到別人缺點的人更快樂，也更受歡迎一些。所以，我們鼓勵每個人多去看別人的優點，多去欣賞別人，它在帶給別人自信的同時也會愉悅我們自己。

4 寬以待人，因善得福

正所謂得道多助，失道寡助，要想成就一番大事業，就必須擁有許多人的支持與幫助，而要想得到別人的支持和幫助，就必須以寬容待人的氣度得到眾人的信服。

關羽在下邳失手後，與前來招降的張遼約法三章：「一者，吾與皇叔設誓，共扶漢室，吾今只降漢帝，不降曹操；二者，二嫂處請給皇叔俸祿養贍，一應上下人等，皆不許到門；三者，但知劉皇叔去向，不管千里萬里，便當辭去。」關羽說到做到，等張遼轉告曹操後，曹操答應了他的請求，關羽這才向曹操投降。

自從關羽「溫酒斬華雄」後，曹操便十分賞識關羽。當他得知關羽來降時，十分高興，親自到轅門外迎接。關羽下馬入拜曹操，曹操慌忙答禮。

關羽說道：「我是敗兵之將，承蒙不殺之恩。」

曹操回話說：「我一直仰慕你的忠義，今天有幸與你相見，我的願望終於得到滿足了。」關羽隨後提及與張遼約法三章的事，曹操一律答應。

來到營中，曹操特意設宴款待關羽。第二天，曹操班師返回許昌，關羽替二位嫂嫂整理車子，並親自為二位嫂嫂護行。天黑後，曹操在驛館歇息，故意將關羽與劉備的兩位夫人安排在一個房間裡住。不料，關羽手持蠟燭，通宵達旦地站在房外，毫無睡意。曹操見關羽如此，對他更加敬重和佩服。到了許昌後，曹操撥了一座府邸給關羽居住。

關羽安頓好後，隨曹操朝見了獻帝，獻帝封他為偏將軍。第二天，曹操大擺筵席，文臣武將歡聚一堂。曹操把關羽當作客人招待，讓他坐在上席。宴罷，曹操又送了些綾錦、金銀器皿等物品給關羽。

不僅如此，自從關羽到了許昌後，曹操三天一小宴，五天一大宴，對關羽照顧有加。另外，還送給關羽十位美女。但關羽毫不動心，只讓她們服侍二位嫂嫂。

一天，曹操發現關羽身上的綠錦戰袍已經破舊，便贈給他一件合身的戰袍。又一天，曹操請關公參加宴席。宴罷，曹操送關羽出府，見關羽馬瘦，問其原因，關羽答道：「我身體很重，這匹馬載不動我，所以總是這麼瘦。」

聽罷，曹操立即令左右牽來一匹馬。只見這匹馬「身如火炭，狀甚雄偉」，曹操指著牠對關羽說：「你認識牠嗎？」

關羽說道：「這不是呂布所騎的赤兔馬嗎？」曹操點頭，然後將馬和鞍轡一併送給了關羽。

關羽重情重義，這是眾人皆知的，所以不管曹操如何欣賞他、厚待他，他都不願意為曹操效力，一得知劉備下落，便義無反顧地去投奔了劉備。此時，曹操手下的眾謀士皆讓曹操追殺關羽，但曹操還是放過了關羽，這也為後來曹操兵敗赤壁留下了一條後路。如果當時不是關羽顧念著曹操之前對他的照顧而讓路，曹操幾乎不可能回到北方。

做人首先要有一顆寬容的心，心的容量有多大，人生的成就就有多大。寬容不僅是一種做人的度量和偉大的人格，更是一種社交的藝術。在生活中一帆風順、事業上功成名就的，絕非胸襟狹窄、小肚雞腸之人，而多是胸懷坦蕩、寬宏大量之人。

楚國國君莊王在位時，楚國發生了叛亂。楚莊王親自率領軍隊將叛亂平息。大勝歸來之時，楚莊王非常高興，為了表示慶賀，他當晚在宮中設宴，邀請各位臣子共用盛餐。

宮中燭光搖曳，歌舞昇平，一派歡樂景象。臣子們開懷暢飲，仍感意猶未盡。楚莊王被這樣的情境所感染，為了助興，他讓容貌出眾的愛妃許姬為各位臣子敬酒，這下，席間變得更加熱鬧了。

許姬繞著酒桌挨個向群臣敬酒，突然一股大風向大廳猛烈吹來，蠟燭全部熄滅，整個大廳陷入一片黑暗之中。

這時，一個人突然拉住了許姬的玉臂。許姬非常機智，她默不作聲，趁黑扯斷了這個人的帽纓。很快，大廳中恢復了光明。許姬來到莊王身邊，將此事告訴了莊王，希望他能嚴懲這個登徒子。

莊王知道後，卻並沒有發怒，而是向群臣喊道：「能夠與群臣同樂，我非常高興。今晚不必行君臣之禮，大家都把帽纓摘下來吧。」聽到莊王的吩咐，群臣紛紛摘下帽纓。

宴罷，許姬問莊王為什麼要這麼做，莊王回答道：「今晚我與眾臣同樂，臣子開懷暢飲，酒後失禮難以避免。戲弄你的人自然犯下了欺君之罪，如果當眾找出此人，必然要治他死罪。如果此人是有功之臣，治其死罪豈不讓眾將士寒心？若失去了人心，就等於失去了國家。」

後來，楚鄭兩國交戰，楚莊王率軍作戰。由於鄭國早有埋伏，楚莊王被鄭軍圍困，此時，一位副將拼命衝入鄭軍，將莊王救出。

回朝後，莊王欲重賞此人，卻被此人辭謝。原來，這位副將便是慶功宴上乘著酒興戲弄莊王愛妃許姬的人。

莊王之所以能夠脫險，就是因爲他的寬容之心感動了這位副將；這位副將正是爲了表示對莊王的感激之情，才不顧生死將其救出。看來，能夠以一顆寬容之心善待他人，終會因善得福。

曹操在詩中說：「青青子衿，悠悠我心。但爲君故，沉吟至今。」無論在什麼時代，人才永遠都是最重要的。人才難得，所以很多成功人士對冒犯自己的人才往往會選擇以寬容之心對待他們，將其收爲己用。這也是他們能成就霸業的關鍵。

5 不念舊惡，豁達是你看待這個世界的姿態

一個人貴在能夠任人必容，容人之短。很多人很難做到這一點，而曹操身上，最讓人欽佩的就是他不計前嫌、不念舊惡、不拘一格地選人用人。曹操從來不會因爲身邊的人講一句批評或反對他的話而對此人產生偏見，相反，他會十分重視別人的評價，分析其中的原因。

《三國志》中曾經這樣描述曹操的用人之術：曹操用人「官方授材，各因其器；矯情任算，不念舊惡」。由此可見，曹操在用人問題上從來不會摻入自己的個人恩怨，總能克制個人感情，做到唯才是舉，量才錄用。

曹操在討伐袁紹之前，曾經到泰山廟裡拜訪一位高僧。他向高僧詢問中原是否有賢人，老和尚以天機不可洩露為由拒絕告訴他。不過，高僧送給他一個錦囊，然後說：「你進駐中原以後，如有人出來，敢提名道姓罵你，你一看這錦囊便知。」

曹操帶著這個錦囊率領大軍向中原進發。軍隊所到之處雞犬不留，路斷人稀。然而，當他到了許昌，發現這果然是藏龍臥虎之地，於是傳令三軍，在這裡安營紮寨。他把軍帳設在北門內一座名叫景福店的廟內。之後，曹仁帶著親兵四下搶奪，弄得百姓惶惶不安。

三天後，四個城門上忽然貼出了同一張帖子，上邊寫著：「曹操到許昌，百姓遭了殃；若棄安撫事，漢朝難安邦。」下邊落款是四個大字：「許昌荀彧」。

曹操一見帖子，氣得咬牙切齒，正要下令捉荀彧，猛然想起僧人贈囊之事，急忙取出錦囊拆看，只見一張白紙上娟秀地寫著六行字：「開口就晌午，日落彎月上。十天頭上草，或字三撇旁。才過昔子牙，謀深似子房。」

曹操左看看，右瞧瞧，翻騰了半天，才解開其中的隱謎，大驚道：「此謎面所說不正是荀彧嗎？」曹操大喜，說：「許昌荀彧，原來有子牙、子房之才！我一定要把他請出來。」

荀彧是潁川郡潁陰人，因不滿朝政，在家過著隱士的生活。他聽說曹操智勇雙全，又能重用人才，於是想投奔曹操，但又怕傳言不實，就寫了這張帖子，來試探一番。

曹操立刻派曹仁去請荀彧，荀彧故意閉門不見，被冷落的曹仁憤憤地建議曹操殺了這個狂妄之徒，曹操卻訓斥曹仁道：「大膽奴才，殺了他等於砍了我的臂膀！」

那時正是臘月天，寒風凜冽，滴水成冰，曹操求賢心切，不惜冒著嚴寒，親自出馬，來到聚奎街荀彧府第，只見大門落鎖，等了好久都不見有人。曹操不顧鬍子上結了冰凌，又趕到奎樓街荀彧的另一個府第，管家對他說，主人到郊外打獵去了。曹操兩訪不遇，並未煩惱，仍耐心求訪。

一日，曹操得知荀彧到城東北八柏的祖墳去掃墓，便備下禮，前往憑弔。曹操來到墳前，看見一個青年，二十幾歲，姿態風流，儀表堂堂，正在專心致志閱讀《孫子兵法》，頭也不抬。忽然一陣風起，把書吹落在地。曹操急忙上前撿起，恭恭敬敬遞上，施禮說：「荀公安康！」

荀彧卻閉目問道：「先生是何人？來此做什麼？」

曹操說：「我是譙郡曹孟德，來請荀公共扶漢室江山。」

荀彧冷冷一笑說：「我是一個普通百姓，不懂治國大事，先生另請高明吧！」

曹操陪笑說：「久聞先生胸藏經天緯地之術，腹隱安邦定國之謀，我非先生不請。」

荀彧說：「不怕我罵你嗎？」

曹操連連點頭，說：「罵得有理，多罵才好。」

荀彧又推說自己患有腿疾，不能行動，曹操便親自牽來良馬，扶荀彧騎上，前呼後擁，將其迎入景福殿中。自此，荀彧入幕曹營，為曹操出妙計，得天下。

英國傑出的思想家歐文說：「寬宏精神是一切事物中最偉大的。」

一七五四年，維吉尼亞殖民地議會選舉在亞歷山大里亞舉行，喬治·華盛頓上校作為這裡的駐軍長官參加了選舉活動。選舉結果有兩個人得票最多，其中一個是喬治·華盛頓推薦的，且大多數人都支持華盛頓推薦的候選人。

但有一個叫威廉·賓的人則堅決反對，為此，他還同華盛頓發生了激烈的爭吵。爭吵中，華盛頓失言說了一句冒犯他的話，威廉·賓聞言，一時怒不可遏，一拳把華盛頓打倒在地。

擁護華盛頓的人以及華盛頓的朋友們見狀圍了上來，高聲叫喊著要教訓威廉．賓。駐守在亞歷山大里亞的華盛頓部下聽說自己的司令官被辱，馬上帶槍衝了過來，一時間劍拔弩張，氣氛十分緊張。

此時，只要華盛頓一聲令下，威廉．賓就會被憤怒的士兵當場打死。然而，華盛頓卻很快冷靜了下來，他只淡淡地說了一句：「這不關你們的事。」就因為這樣，事態才沒有惡化。

第二天，華盛頓給威廉．賓寫了一封短信，要他立即到當地的一家小酒店去。威廉．賓以為華盛頓想約他決鬥，便毫不畏懼地拿了一把手槍隻身前往。

一路上，威廉．賓都在想如何對付身為上校的華盛頓，但當他到達那家小酒店時卻大吃一驚，他見到了華盛頓那張真誠的笑臉和一桌豐盛的酒菜。

「賓先生，」華盛頓熱情地說，「犯錯誤乃是人之常情，糾正錯誤則是件光榮的事。我相信昨天的我是不對的，你在某種程度上也得到了滿足。如果你認為到此可以和解的話，那麼請握住我的手，讓我們交個朋友吧。」

威廉．賓被華盛頓的寬容感動了，忙把手伸向華盛頓，說：「華盛頓先生，也請你原諒我昨天的魯莽與無禮。」從此，威廉．賓成為華盛頓堅決的擁護者。

一個人的度量大小，對於他的事業成敗至關重要。寬宏大度，才能虛懷若谷，堅定如一地朝著正確的目標前進，進而充分施展自己的才智。

俗話說：「宰相肚裡能撐船，將軍額上能跑馬。」歷史上，不乏有鼠目寸光、喜怒無常之輩施用雕蟲小技取得成功的例子，但他們最終無一例外都如電光石火，轉眼即逝。只有那些有度量、有修養的人才能把握全域，冷靜舉措，走出一步步令人拍案叫絕的好棋，最後成就大業。

第四章

以退為進，為進一丈何妨先退一尺

兇猛的動物在進攻獵物前總是身體先向後撤退，然後再猛撲過去；當我們要越過寬溝高坎時，也總是先向後退幾步，再一躍而過。有時，退讓就是最好的進取手段，而曹操正是借此底牌，方才捕獲更多的「獵物」，從而稱霸天下，成為一代梟雄。

1 能屈能伸，善於適應

清代名士程允升說：「丈夫之志，能屈能伸。」放下架子，該屈就屈，能屈能伸，才能更好地適應現實，更好地生存，以屈爲伸者方爲真英雄。

西元一九五年，曹操被漢獻帝任命爲兗州牧。此時的曹操尚沒有自己的地盤，也沒有足夠的實力，因此只能暫時屈身在兗州。儘管官職不夠顯赫，但此時的曹操已經在積極籌備起兵，而軍隊給養及後勤補助方面，還需仰仗張邈的接濟。

因此，爲了贏得張邈的好感，曹操主動接受他的節制，受他指揮。不久後，曹操就隨張邈一起開赴前線，並代行將軍之職，檢驗並積累了自己的統兵才華。

所有想要成就大事的人，都會經歷人生的低谷，這時要懂得「屈身」，才能夠保全自己，爲日後的「伸」積蓄力量。我國歷史上最著名的能屈能伸的典故莫過於越王勾踐的「臥薪嚐膽」。

吳王闔閭打敗楚國，成了南方霸主。西元前四九六年，越王允常死去，勾踐即位，吳王因與越國多年積怨，乘喪起兵攻打越國，吳越兩國於檇李展開了一場大戰。

吳王闔閭滿以為可以打贏，沒想到卻吃了個敗仗，自己又中箭受了重傷，再加上上了年紀，回到吳國不久便咽了氣。

吳王闔閭死後，兒子夫差即位。闔閭臨死時對夫差說：「不要忘記報越國的仇。」夫差記住了這個囑咐，叫人經常提醒自己。他每次經過宮門，手下的人就會扯開嗓子喊：「夫差！你忘了越王殺你父親的仇嗎？」

夫差流著眼淚說：「不，不敢忘。」他叫伍子胥和另一個大臣伯嚭操練兵馬，為攻打越國做準備。過了兩年，吳王夫差親自率領大軍去打越國。越國有兩個很能幹的大夫，一個叫文種，另一個叫范蠡。

范蠡對勾踐說：「吳國練兵快三年了，這回決心報仇，來勢兇猛。我們不如守城不出，不要跟他們作戰。」

勾踐不同意，也發大軍去跟吳國人硬拼，越軍最終大敗，越王勾踐帶著五千殘兵敗將逃到會稽，被吳軍圍困。勾踐無計可施，他跟范蠡說：「我真是懊悔沒有聽你的話，弄到這步田地，現在該怎麼辦？」

范蠡說：「咱們趕快去求和吧。」於是，勾踐派文種到吳王營裡去求和。文種在夫差面前把勾踐願意投降的意思說了一遍，吳王夫差想同意，但伍子胥堅決反對。

文種回去後，打聽到吳國的伯嚭是個貪財好色的小人，就私下送了他一批美女和珍寶，請他在夫差面前講好話。經過伯嚭的一番勸說，吳王夫差不顧伍子胥的反對，答應了越國的求和，但要勾踐親自到吳國去。

經過一番考慮，勾踐最終決定把國家大事託付給文種，自己則帶著大人和范蠡去吳國。勾踐到了吳國，夫差讓他們夫婦倆住在闔閭的墳墓旁邊的一間石屋裡，叫勾踐給他餵馬，范蠡則跟著做奴僕的工作。夫差每次坐車出去，勾踐都會給他拉馬。這樣過了三年，夫差認為勾踐已真心歸順他，便放勾踐回國。

勾踐回到越國後，立志報仇雪恥。他唯恐眼前的安逸消磨了志氣，便在吃飯的地方掛上一個苦膽，每逢吃飯的時候，就先嘗一嘗苦味，還自己問自己：「你忘了會稽的恥辱嗎？」

不僅如此，他還把席子撤去，用柴草當作褥子。這就是後來人傳誦的「臥薪嚐膽」。

為了使越國富強起來，勾踐親自參加耕種，叫他的夫人自己織布，以鼓勵生產。因為越國曾遭遇亡國的災難，人口大大減少，為此，他制定了獎勵生育的政策。他叫文種管理國家大事，叫范蠡訓練人馬，自己則虛心聽從別人的意見，救濟貧苦百姓。在勾踐的帶動下，越國上下的百姓士氣高漲，誓要強大自己的國家，打敗吳王夫差，為自己的君王報仇雪恨。最終，吳國被越國所滅。

越王勾踐能夠忍常人之不能忍，低聲下氣地在吳國做了三年奴隸，最終迎來了人生新的光明，並徹底洗刷了國恥。

但在現實生活中，想要做到「能屈能伸」並沒有人們想像的那麼輕鬆，也並不像逆來順受那樣簡單。要想真正做到能屈能伸，就要克服一切心理障礙，時刻準備低頭，承受委屈、孤獨、淚水甚至是侮辱。

一個正值妙齡的少女來到東京帝國酒店做服務員。這是她進入社會後的第一份工作，因此非常激動。她暗下決心，一定要做好自己的第一份工作。

第一天去上班，她高高興興地去報到，但讓她大感意外的是，上司分配給她的第一份工作居然是洗廁所，而且要求出奇的嚴格，要洗得光潔如新。

雖然不情願，但由於是上司交給自己的第一項任務，所以她努力勸說自己要學會適應。

但當她真正去面對那種惡劣的工作環境以及廁所中的穢物時，她還是無法掩飾內心的厭惡與抵觸。她想要放棄，但又不想就這麼輕易地認輸，也不甘心就這樣敗下陣來；想繼續堅持下去，但看著眼前的一切，她又開始止不住地皺眉。

就在她進退兩難時，一位酒店內的前輩來到了她的面前。他什麼話也沒說，只是隨手拿起了抹布，一遍又一遍地擦洗著馬桶。她知道前輩是在為自己做示範，便非常耐心地留意著他的一舉一動。

很快，馬桶被擦好了，看上去確實光亮如新，前輩的好心示範與敬業精神打動了她，這時，她也明白了上司並非在故意為難她。

正當她思緒萬千時，她又看到了讓自己震驚的一幕：那位前輩居然當著她的面從馬桶裡舀出了一杯水一飲而盡。

震驚乃至感動過後，女孩徹底想通了：自己必須去適應這種工作，而日還要做得更出色，就算今後一輩子洗廁所，也要做一名全日本最出色的洗廁所人。

於是，她開始振奮精神，全身心地投入到洗廁所的工作中。即使沒有上級監督，她也始終以前輩做榜樣，使工作品質達到甚至超過前輩的水準。

正是這種對工作的投入，讓她養成了善於適應、一絲不苟的工作精神，並為她漫長的職業生涯打下了堅實的基礎。

幾十年的光陰很快就過去了，這位少女成為了日本政府內閣的主要官員——郵政大臣，她的名字叫野田聖子。

日常生活中，能屈能伸者也更容易適應變化的環境，這是一種能力的表現，也是具備較強競爭力的一種外在展示。

2 掌握好進退妥協的尺度

能進，不失爲勇氣；而退，則更顯示出智慧的一面。其實，退是一種謀略，是一種交換，更是一種維繫生存的手段。退能保身，退能成事，退是大勇，更是大智。真正的英雄，能進能退，進退自如，所以不敗。只退不進，是懦夫；只進不退，是莽夫。進退得當，才能從容面對成敗，瀟灑成就人生。

曹操參與鎮壓潁川的黃巾軍後，被任命為濟南國相。任職期間，曹操大刀闊斧地進行了多項革新，懲治貪官，搗毀淫祠，在當地獲得了良好的口碑，卓著的政績讓曹操的仕途隱隱有了上升之勢。

與卓著政績相對應，曹操的「過激」言行也得罪了一些當朝權貴，並損害了地方豪強的利益，這些人對曹操恨之入骨，都在伺機進行報復。

精明的曹操也意識到了這層危險，但他不願意為了迎合權貴而改變自己的做事原則，同時又擔心再繼續強勢下去，會為自己乃至家人帶來災禍。因此，經過一番深思熟慮，曹操決定辭去濟南國相的職務，並請求朝廷讓自己回宮中值宿，實際上是想從這個是非位置上急流勇退。

然而，那些朝中權貴卻試圖將曹操調任東郡太守，這是一個和濟南國相同等重要的職位，曹操深知其中利害關係，因此託病拒絕。後來，朝廷又任命他為議郎，但曹操同樣託病沒有赴任，而是告病回歸鄉里。

回到家鄉後，曹操常常「築室城外，春夏習讀書傳，秋冬弋獵，以自娛樂」。就這樣，曹操在家中韜光養晦了一年左右，但他時刻不忘關注外部時局的發展。

後來，由於黃巾軍餘眾起事不斷，朝廷為了鎮壓起義軍，維護統治，成立了一支新軍，並設置八名校尉作為統領。當時被選中做校尉統領的有宦官蹇碩、武官袁紹，而正賦閒在家的曹操也是人選之一。曹操得知這一消息後，終於決定不再退隱，立馬進京赴任。

何時該進，何時該退，曹操拿捏得非常到位。預知危險後，果斷退隱；而當朝廷給出官職砝碼達到自己的要求時，又果斷出山。對進退之道的精準掌握，在很大程度上成就了曹操。

漫漫人生路，退一步，等一等，不過是歇歇腳，爲走得更遠做準備，低一低頭，更是爲了下一步抬得更高而蓄勢。

龍虎寺的一群學僧在牆上畫了一幅龍爭虎鬥圖，請無德禪師評鑑。

「畫得很好，但沒有把握好龍與虎的特性。」禪師說道：「龍在攻擊之前，頭必須向後退縮；虎要上撲時，頭必然向下壓低。龍頭向後的屈度越大，虎頭越貼近地面，牠們也就能衝得更快、跳得更高。」

學僧們心領神會，其中一位又看了牆上的畫一眼，分析說：「我們不僅將龍頭畫得太向前，虎頭也太高了，怪不得總覺得動感不足。」

「為人處世與參禪修道的道理一樣。」禪師進一步說道，「退後一步，才能衝得更遠；反省一下，才能爬得更高。」

趨利而動，進也；避害而行，退也。趨利避害是進退之道的現實反映，也是人之常情。這一點，在歷史上被運用得尤其廣泛。

蜀漢建興六年，諸葛亮出擊祁山，打敗了曹真之後，並沒有乘勝追擊，而是急令全軍拔寨撤退。

楊儀不明其中原因，前去詢問諸葛亮：「今天我軍大勝，挫敗了魏軍銳氣，為什麼要退兵呢？」

諸葛亮解釋說：「我軍缺少糧草，應當速戰速決。現在魏軍雖然戰敗，但實力仍然保存。如果他們以輕騎襲擊我糧道，我軍不能運糧，那時就無法撤回。因此，我軍要趁曹真剛剛戰敗，不敢輕易出兵之際，出其不意，乘勝退兵。」

於是，蜀軍諸將收拾本部兵馬立即撤退。待曹真得知諸葛亮撤退時，蜀軍已撤走兩天，就是想追也來不及了。

打得贏就打，打不贏絕不做無謂的糾纏與犧牲，這就是諸葛亮統軍的進退之道。這種靈活的作戰方式，確實能夠在最大限度上消滅敵人，保存自己。

懂取捨，知進退，方能立於不敗之地，成就不凡之業。進退之間往往能夠彰顯人生智慧。怎樣進，怎樣退，這是一種手段；什麼時候該進，什麼時候該退，這是一種分寸。進退是一種處世哲學，也是一門做人做事的藝術。無論是在戰場上，還是當今的官場上、職場上、商場上、情場上……我們都需要明白進退之道。

然而，現實中很多人卻把握不好進退的分寸，特別是在退讓時，他們只知一味妥協退讓，而失去了自己的做事原則，因此給自己的事業和人生帶來了無法彌補的損失。

想讓自己的利益免遭不必要的損害，就應該把握好進退的尺度。至於何時該進，何時該退，進退的尺度如何把握，我們可以借鑒曹操的策略：縝密思考前進與讓步的幅度，做到恰到好處，既不能太過於損害自己的利益，同時也要使對方的利益得到一定的滿足，從而達成共識，實現雙贏。

知進退之術，可化險為夷；懂進退之道，則終身無禍。

3 適時退讓才能取得更大的成功

我們經常會看到，同樣具有雄心和才華的人在社會中奮發，有的人能掀起萬丈狂瀾，做出驚天動地的偉業；有的人在浪濤中撲騰了幾下就沉入海底，成了曇花一現的人物。

縱觀人類社會的歷史長河，閱盡古往今來的風雲人物，可以發現，凡是能夠並善於做到適時退讓者，大多能夠順利踏平人間坎坷，成就一番大業。

建安二十四年（西元二一九年）冬，在曹操臨死前幾個月，孫權上書表示願意歸降，並勸曹操稱帝。曹操並沒有老而昏庸，他以清醒的政治頭腦，一眼看穿這是孫權的陰謀，企圖讓自己激怒天下，陷於孤立，於是「觀畢大笑」，說：「這傢伙是要把我放在火爐上烤啊！」

侍中陳群等進一步勸說：「殿下德功巍巍，生靈仰望。現在連孫權都稱臣歸命，此天人之應，異氣齊聲。殿下宜及早應天順人，早正大位。」

曹操卻很冷靜地表示：「施於有政，是以為政。」意思是說，政權本來就在我的手裡，為什麼一定要那虛名呢？如果真的天命在我，我早就成為周文王了。

「施於有政，是以爲政」出自《論語．爲政》。曹操引用這句話的意思是：對政治施加影響，也就是參與了政治。只要掌握了政治實權，何必一定要皇帝這個虛名呢？然後明確表示：即使當皇帝的時機已經成熟，自己也不會當皇帝，而要做周文王，就是要像周文王給周武王創造條件那樣，讓自己的兒子去當皇帝。

從處理事務的步驟來看，退卻是進攻的第一步。現實中常會見到這樣的事，雙方爭鬥，各不相讓，最後小事變爲大事，大事轉爲禍事，這樣不僅無法解決問題，還會落個兩敗俱傷的結果。其實，如果採取較爲溫和的處理方法，先退一步，使自己處於比較有利有理的談判地位，待時機成熟，再以退爲進，便可成功地達到自己的目的。

兵無地不強，地無兵不險，遠與近一旦與對方兵力部署的虛實相結合，矛盾的雙方就會向各自相反的方向轉化：遠而虛者，易行易進，行動快，費時少，則變遠爲近，容易取勝；近而實者，難行難攻，行動慢，費時多，成了實際的遠，且不易獲勝。

從曹操的故事中我們能夠領悟到什麼呢？人生的進攻和退卻是一對矛盾，是一對孿生的處世矛盾，單純的退卻和進攻絕不是人生的全部，從對人生的態度來看，退卻有時也是一種進攻的策略。現代社會中，以退爲進也不失爲一種表現自我的好方法。

以退爲進是一種巧妙的處世策略。有時看似愚蠢可笑的行爲，對於一位處世高手來說，其中卻隱藏著更大的智慧，有著更加深刻的行爲動機。

義大利有家公司，因為專營中國食品，就取了個有中國特色的名字，叫

「重慶公司」。

有一次，一位叫史坦．費里貝格的廣告高手對該公司老闆鮑洛奇誇口說：「不管什麼商品，只要由我來給你做廣告，保證會打開銷路。如果失敗，我情願用人力車拉著你在大街上跑一圈，你信不信？」

鮑洛奇聽了，眼珠一轉，立刻心生一計，十分認真地對費里貝格說：「這樣吧，現在我正好有一批商品還未銷出去，你做個廣告試試，如果成功了，我也情願用人力車拉你跑一趟。」

當時，鮑洛奇已是腰纏萬貫的大富翁，真的會有上街拉車的勇氣嗎？費里貝格擔心他食言，還特意請人作證。

過了不久，費里貝格果真把鮑洛奇的商品推銷了出去。他得意揚揚地找到鮑洛奇，想看看對方如何反應。沒有想到鮑洛奇毫不猶豫，操起車子就拉著費里貝格在大街上跑，這可真是難得一見的新鮮事，立刻就吸引了大批圍觀的人群。

在眾目睽睽之下，鮑洛奇非但不在乎，還頻頻向人們招手致意，有人甚至懷疑他精神出了毛病。

熱鬧的場面把電視臺記者也驚動了，他們趕來錄影，並在當晚的黃金時間播出，第二天，當地的報紙又大肆加以報導。這麼一來，全城差不多人人都知道了

「重慶公司」的老闆，知道他說話算話。

透過這次影響廣泛而又不花分文的廣告宣傳，鮑洛奇公司的存貨幾乎售空。

中國古代所說的「欲進則退」，是根植於兵家的「迂直說」。現代社會中，兩強（或多強）相遇，正面交手，互相拼耗，勢必兩敗俱傷；即便獲得了最後的勝利，也會得不償失，猶如逆水行舟，不進則退。在這種勢態之下，人人都專注於爭雄，力求在某一方面高人一等。在這種情形下採取硬打硬拼的方式是不明智的，而像曹操那樣採取以退爲進、由低到高的策略，才是一種穩妥的進攻之術。

4 知進不知退者難有大作為

人往高處走，水往低處流。進是人的本能和願望。多數人都希望能往上走，受到別人的欣賞和尊重。正是有了這種美好的願望，人們才會樹立遠大的理想，樂觀向上，開拓進取，無所畏懼，迎難而上。

而相對於進，退也是一種生存智慧。在自然界裡，明月不與太陽爭輝，才展現出它的恬靜與溫柔；枯葉蝶褪去牠華麗的外衣，才逃避了天敵的追捕，得以生存；梅花退出了百花爭豔的春天，才顯示出它「凌寒獨自開」的傲骨；人退出束縛自我的怪圈，生命才會更加多姿多彩。

柳暗花明不是風光，而是一種境界，是路外之路。「進」與「退」的關係，其實是相當微妙的。繁星佈滿夜空，如果沒有太陽的退避，怎會像燦爛的花朵在空中綻放？這是「退」造就了「進」。春季是孕育生命的季節，各種花兒競相開放，五彩繽紛。可是，沒有一朵花兒長盛不衰，它們終會在冬天凋謝，難道是它們的退讓結束了它們的輝煌？不是，你看那枝頭，它們會在第二年春風吹拂的時候發出綠芽，鮮花怒放，變成一片花的海洋。這是以退爲進，進而又退，如此互相扶持，最後爛漫輝煌。

> 曹操擊敗張魯，取得東川以後，謀士們紛紛進言，勸曹操乘勝進兵，直取益州。主簿司馬懿說：「劉備以詐力取劉璋，蜀人尚未歸心。今主公已得漢中，益州震動，可速進兵攻之，勢必瓦解。智者貴於乘時，時不可失也。」
>
> 謀士劉曄也說：「司馬仲達之言是也。若少遲緩，諸葛亮明於治國而為相，關、張等勇冠三軍而為將，蜀民既定，據守關隘，不可犯矣。」

按照司馬懿和劉曄等人的分析，當時的戰略態勢似乎對曹操進兵西川十分有利。但曹操卻認為，奪取益州的時機並未成熟，他以「士卒遠涉勞苦，且宜存恤」為理由，一直「按兵不動」。

曹操作為一個軍事統帥，在勝利的情況下能夠保持冷靜的頭腦，及時控制取勝後的激情，做到恰到好處、見好即收，的確難能可貴。

據說曹操當時還借用了劉秀說過的一句話：「人苦不知足，既得隴，復望蜀。」《後漢書．岑彭傳》記載，建武八年（西元三十二年），劉秀手下的大將軍岑彭和偏將軍吳漢，率軍圍困西城（今陝西安康縣西北）的隗囂時，劉秀因事要先回洛陽。

臨行前，他寫了一封信給岑彭，信中令他攻克西城以後，須立即南攻四川，「人苦不知足，既平隴，又望蜀。每一發兵，頭鬚為白」。劉秀說這句話的本意是要岑彭乘勝前進，平定隴地後，緊接著就進攻盤踞在蜀地的公孫述。而曹操引用這句話卻與劉秀的意圖完全相反，他反對不顧當時的實際情況得寸進尺，主張緩兵持重。

曹操和劉秀當年的情況很相似：都是初戰獲勝，最後的目的又都要奪取蜀地。但二人所處的形勢卻又截然不同。

劉秀是在控制了中國的整個東部地區後，轉身向西進軍，這就毫無後顧之憂，所以才主張乘勝進兵，一勞永逸。而曹操當時卻「懷懼者三」：「前以初破袁紹之眾，遠行疲憊，跋江河，致有赤壁之敗；今以初平張魯之眾，歷險阻，越山川，不恤其勞而用之，安能料其必勝乎？」既擔心勞師襲蜀，出現赤壁之戰時那樣相持的不利局面，「使荊州會合東吳，而乘虛北伐，將奈之何」，又擔心一旦進軍蜀中，會使腹背出現空虛，坐山觀虎鬥的孫權是斷然不會失此良機的，荊州又有關羽領重兵把守，如果這時關羽聯合孫權奔襲許都，會使自己非常被動。

「且心畏孔明之才，向以博望、新野蕞爾之城，猶能焚我師而挫我銳，況今有西川之地而欲與之抗衡。」還擔心蜀中本就易守難攻，現在又有諸葛亮調動指揮，恐怕很難取勝。因此，曹操在西有劉備、南有孫權的戰略環境中，不得不瞻前顧後，慎重從事。

曹操通觀全域，既考慮到了進兵益州的現實之利，又注意到了長驅直入西川，遠離本土的後顧之憂。在錯綜複雜的三角關係中，他不光只看一點，而是同時兼顧兩面。他按兵不動卻不撤兵，說明他還在觀察形勢和慎重考慮是否取蜀。

在正確的時機謝幕，是一切精彩演出的高潮。不能儘快地結束，就不能儘快地開始；不能很好地結束，就不能很好地開始。在生活中，不失時機，急流勇進，固然是英雄本色；然而，審時度勢，知難而退，也應該算是偉人之舉。曹操平定漢中之後，不被勝利沖昏頭腦，力排眾議，沒有率軍急進西川，充分顯示了他知難而退的戰略眼光，是明智的舉動。

元朝末年，當朱元璋的起義軍初具規模時，就有人提出讓他稱王稱帝。朱升堅決反對，向朱元璋提出了「高築牆、廣積糧、緩稱王」的建議。

當時，主要的幾路起義軍和較大的諸侯割據勢力中，除四川明玉珍、浙東方國珍外，其餘的領袖皆已稱王、稱帝。最早的徐壽輝，在彭瑩玉等人的擁立下，於元至正十一年（西元一三五一年）稱帝，國號天完。

張士誠於至正十三年（西元一三五二年）自稱誠王，國號大周。到元至正二十年（西元一三六〇年）徐壽輝被部下陳友諒所殺，陳友諒自立為帝，國號大漢。四川明玉珍聞訊，也自立為隴蜀王。

此時只有朱元璋依然十分冷靜，他堅定地採納了「緩稱王」的建議，直到元至正二十四年（西元一三六四年）才稱為吳王。至於稱帝，那已是元至正二十八年（西元一三六八年）的事情了。此時，天下局勢已明朗，也就是說，朱元璋即便不稱帝，也快是事實上的「帝」了。

與其他各路起義軍迫不及待地稱王的做法相比較，朱元璋的「緩稱王」之戰略不可謂不高明。「緩稱王」的根本目的，在於最大限度地減少自己獨立反元的政治色彩，從而最大限度地降低元朝對自己的關注程度，避免或大大減少過早與元軍主力和強勁諸侯軍隊決戰的可能。這樣一來，朱元璋更能保存實力、積蓄力量，從而求得穩步發展。

在當時天下大亂的情況下，起兵割據並不意味著與中央朝廷勢不兩立，不共戴天。但一旦冒出個什麼王或帝，打出個國號，那就標誌著這股力量與中央分庭抗禮了。因此，哪裡有什麼王或帝，朝廷必定要派大軍前去鎮壓。

徐壽輝稱帝的第二年，元朝大軍就對天完政權發起了大規模進攻。同樣的道理，張士誠、劉福通等人，無不為元軍圍攻。相比之下，尚未稱帝的朱元璋一直到大舉北伐南征前，都未受到元軍主力進攻。而朱元璋正是抓住了這有利契機，加緊擴大地盤，壯大力量，最後終於成為收拾殘局的主宰者。

「緩稱王」還可以避免刺激個別強大的割據政權。元末，割據勢力眾多，但最後的「冠軍」只能有一個。從這個意義上講，任何一個割據政權都是皇權路上的競爭者。因此，割據政權除要與朝廷鬥爭外，相互之間也有「競爭」，這種「競爭」實際上就是血腥的相互殘殺。朱元璋的「緩稱王」不但使自己避免捲入這種殘殺，而且借隸屬於小明王的宋政權，一方面可以討得宋政權的歡心，另一方面也得到了宋政權的庇護，真可謂一箭雙雕。

「緩稱王」關鍵在一個「緩」字上，一旦時機成熟，朱元璋就當仁不讓了。元至正二十四年（西元一三六四年），軍事形勢對朱元璋集團十分有利，北面的宋政權已經名存實亡，即便與朱反目，也不足為慮；東面的張士誠已成為驚弓之鳥，再成不了什麼大氣候；四川的明玉珍安於現狀，沒有長遠打算，對朱元璋集團構不成大的威脅；而元軍在與宋軍的決戰中大傷元氣，且又陷入內戰之中，已無力南進。在這樣的大好形勢下，朱元璋憑藉自己強大的軍隊和廣闊的地盤，不失時機地公開表明自己的政治主張，自立為王並最終統一了中國。

進與退緊密聯繫、互相轉化，退中有進，進中有退；進時當思退，退時當思進。該進則進，否則會錯失良機；該退一定要退，否則就可能前功盡棄。進有高度，退有分寸，只有處理好進與退的關係，才能在人生的道路上遊刃有餘，進亦不喜，退亦不憂。這是一種胸懷，也是一種制勝的底牌與謀略。

5 善隱忍者，方成大業

做人做事要想取得成功，就要視野開闊，不但要瞭解自我，還要深知他人。做事之前，先要對具體情況有一個充分的瞭解，這是以退爲進的前提，然後趁機採取有利於自己的步驟，勝利的天平就會向你傾斜，從而使棘手問題得到解決。

中國人有一句老話：好事不要占盡，壞事不要做絕。中國古代的辯證法告訴我們，無論做任何事，都需要給自己留下一定的空間。天空廣闊，所以便有雲雀高飛；海洋浩瀚，所以便有魚兒暢游；離弦的箭射得再遠，總會有無力墜落的一剎那；狂妄的人眼界再高，總會有回天無力的那一刻。處事的謀略告訴我們，讓人一尺，有時反而能得到一丈的空間，而寸步不讓則有很大可能產生兩敗俱傷的惡果。

曹操的政治生涯是一個由小到大、由弱到強逐漸成長的過程，這其中經常有身在屋簷下不得不低頭的委屈，也會有強龍難壓地頭蛇的不如意。每當這樣的時刻，曹操總能夠及時改變自己的策略，採取主動避讓的方法，以改變自己的被動局面。

自曹操挾天子以令諸侯以來，他的優勢已得到確立。袁紹為了爭取主動，擺出盟主的架勢，以許縣低濕、洛陽殘破為由，要求曹操將獻帝遷到鄄城，因鄄城離袁紹所據的冀州比較近，便於控制。袁紹還考慮到，鄄城是曹操的地盤，曹操容易答應。

可曹操在重大問題上從不讓步，斷然拒絕了袁紹這一要求，並以獻帝的名義寫信責備袁紹說：「你地大兵多，而專門培植自己的勢力，沒看見你出師勤王，只看見你同別人互相攻伐。」袁紹無奈，只得上書表白一番。

曹操見袁紹不敢公開抗拒朝廷，便又以獻帝的名義任袁紹為太尉，封鄴侯。此舉實際上是一種試探，太尉雖是「三公」之一，但位在大將軍之下。袁紹見曹操任大將軍，自己的地位反而不如他，十分不滿，大怒道：「曹操幾次失敗，都是我救了他，現在竟然挾天子命令起我來了！」拒不接受任命。

曹操知道自己這時的實力不如袁紹，不願意在這個時候跟袁紹鬧翻，於是決定暫時向他讓步，把大將軍的頭銜讓給他，自己則任司空（也是「三公」之一），代理車騎將軍（車騎將軍僅次於大將軍、驃騎將軍），以緩和同袁紹的矛盾。但由於袁紹不在許都，曹操仍然總攬著朝政。

與此同時，曹操還安排和提升了一些官員，以荀彧為侍中、尚書令，負責朝中具體事務；以程昱為尚書，又以他為東中郎將，領濟陰太守，都督兗州事，鞏固這一最早根據地；以滿寵為許都令、董昭為洛陽令，控制好新舊都城；以夏侯惇、夏侯淵、曹洪、曹仁、樂進、李典、呂虔、于禁、徐晃、典韋等分別為將軍、中郎將、校尉、都尉等，牢牢控制住軍隊。這樣一來，曹操在朝廷的地位就大大地鞏固了。

曹操的陰陽謀略最大的特點就是講究實效，不計虛名，小戰失利，大戰勝利，小戰退卻，大戰進攻，既講究後發制人，又懂得韜光養晦。要成功何求小利，鬥頑敵機動靈活，這樣才能笑到最後。

曹操不乏英雄氣概，但他也有退讓的時候。他迎獻帝都許昌後，並不是萬事大吉，他當時還不能「挾天子以令諸侯」，不僅如此，他還因此行爲成了眾矢之的，與袁紹等人相比，更處於弱勢。因此，曹操選擇暫時忍讓，以便積蓄力量，後發制人。

做事要分清輕重緩急、大小遠近，該捨的就得忍痛割愛，該忍的就得從長計議，這樣才能實現宏願，成就大事，創建大業。

無論是創業的征程，還是人生旅途，有時會出現誘人的小利，遇到一些枝節糾纏，抑或遭受暫時的挫折和失敗。倘若被微利迷惑，糾纏於細節、瑣事，而忘記大目標，或者因爲一時的挫折而動搖奔向大目標的信心，則十有八九會失敗。想成大業、幹大事，就得忍住一時的欲望，或一時一事的干擾，甚至屈辱。要站得高，看得遠，不被眼前的小是小非纏住手腳，排除各種干擾，創造條件向著大目標、大事業邁進。

劉邦和項羽在稱雄爭霸、建功立業的過程中，其實就是在「忍小取大，捨近求遠」上見出高低、決出雌雄的。這是一場「忍」功的較量，誰能夠「忍小取大」，誰就能得天下，稱雄於世；誰若剛愎自用，小肚雞腸，或只逞「匹夫之勇」，誰就會失去天下，一敗塗地。

宋代著名大文學家蘇東坡在評論楚漢之爭時就曾說：「漢高祖劉邦所以能勝，楚霸王項羽所以失敗，關鍵在於能忍不能忍。項羽不能忍，白白浪費自己百戰百勝的勇猛；劉邦能忍，養精蓄銳，等待時機，直攻項羽要害，最後奪取勝利。劉項之爭，從多方面說明了這一點。劉邦之所以成大業，是他懂得忍人之言，忍個人享樂，忍一時失敗，忍個人意氣；而項羽氣大，什麼都難忍難容，不懂得『小不忍則亂大謀』的道理，大業未成身先亡，可悲可嘆！」

楚漢戰爭之前，高陽人酈食其拜見劉邦，獻計獻策，一進門看見劉邦坐在床邊洗腳，便不高興地說：「假如您要消滅無道暴君，就不應該坐著接見長者。」

劉邦聽了斥責後，不但沒有勃然大怒，反而趕忙起身，整裝致歉，請酈食其坐上座，虛心求教，並按酈食其的意見去攻打陳留，將秦積聚的糧食弄到手。

劉邦圍困宛城時，被困在城裡的陳恢溜出來見劉邦，告訴他圍城不如對城內的官吏勸降封官，這樣化敵為友，就可以放心西進，先入咸陽為王。劉邦採納了他的意見，使宛城不攻自破。

與劉邦容忍的態度相反，項羽則剛愎自用、自以為是。一個有識之士建議項羽在關中建都以成霸業，項羽不聽。那人出來發牢騷：「人們說楚人是『沐猴而冠』，果然！」

項羽聽到這話後大怒，立即將那人殺掉。楚軍進攻咸陽時到了新安，只因投降的秦軍有議論，項羽就起了殺心，一夜之間把十多萬秦兵全部活埋，一時，其殘暴之名傳遍天下。他怨恨田榮，因此不封他，而立齊相田都為王，致使田榮反叛。他甚至連身邊最忠實的范增也懷疑不用，結果錯過了鴻門宴殺劉邦的機會，最後氣走范增，成了孤家寡人。

其實劉邦原本不是個好性情的人，在沛縣鄉里做亭長時，他好酒好色。劉邦率軍進了咸陽，將士們紛紛爭著去找皇宮的倉庫，往自己的腰包裡揣金銀財寶時，劉邦自己也曾被阿房宮的富麗堂皇和美如天仙的宮女弄得眼花繚亂，有些邁不動步。

但在部下樊噲「沛公要打天下還是要當富翁」的提醒下，劉邦立時醒悟，忍住貪圖享樂的念頭，吩咐將士們封了倉庫和宮殿。他帶將士們回到灞上的軍營裡，並約法三章，對百姓秋毫無犯。這為他贏得了民心，使他得到了民眾的支持。

而項羽一進咸陽，就殺了秦王子嬰，燒了阿房宮，收取了秦宮裡的金銀財寶，擄取宮娥美女據為己有，並帶回關東。相比之下，他怎能不失人心呢？

楚漢戰爭中，劉邦的實力遠不如項羽，當項羽聽說劉邦已先入關時，怒火沖天，決心要消滅劉邦的兵力。

當時項羽四十萬兵馬駐紮在鴻門，劉邦十萬兵馬駐紮在灞上，雙方只相隔四十里。在這種情況下，劉邦卻依舊能做到「得時則行，失時則蟠」。他先是請張良陪同自己去見項羽的叔叔項伯，再三表白自己沒有反對項羽和稱王的意思，並與之結成兒女親家，請項伯在項羽面前說好話。第二天一清早，他又帶著張良、樊噲和一百多個隨從，拿著禮物到鴻門去拜見項羽，低聲下氣地賠禮道歉，化解了項羽的怒氣，緩和了與項羽的關係。

表面上看，劉邦忍氣吞聲，項羽掙足了面子，實際上，劉邦以小忍換來了自己和軍隊的安全，贏得了發展和壯大的時間。甚至當自己胸部受了重傷時，劉邦也能忍著傷痛，在楚軍陣前故意弓著腰，摸摸腳，罵道「賊人射中了我的腳趾」，以麻痺敵人，回到自己大營後，又忍著傷痛巡視軍營，以穩定軍心。他對不利條件的隱忍，面對暫時失敗時的堅韌，既反映了他對敵鬥爭的謀略，也體現了他巨大的心理承受力。這是成就大業者必備的心理素質。

相比之下，項羽則能伸不能屈，贏得起而輸不起，所以連連中計，聽到「四面楚歌」就懷疑楚被漢滅，一敗塗地，自己先大放悲歌。被劉邦追到烏江時，亭長要用船送他過河，他卻認為「天要亡我，我渡過去有什麼用」，自動放棄了重整旗鼓、捲土重來的唯一機會，拔劍自刎而死。可惜的是，他到死也沒明白，他首先是輸在自己手裡。

從劉邦與項羽的較量中，我們不難看出善忍與不忍的區別。善忍者心量寬，承受力強；不忍者，心量窄，根本承受不了挫折，這也是導致成功或失敗的根本原因所在。所以，聰明的人一定要懂得運用「忍」的功夫來成就自己。

—第五章—
借力而行，讓別人為你做嫁衣

帆船出海，風箏上天，無不是「好風憑藉力，送我上青雲」。一個人要想幹出一番成就，立於不敗之地，僅靠單打獨鬥是行不通的。古今中外，成大事者都善打「借力」牌，他們敢借、能借、會借、善借，最終實現了自己的目標。

1 借力獲利，亂中取勝

面對棘手問題，有些人往往會手忙腳亂、不知所措，或者袖手旁觀、落荒而逃，或者盲目行動、惹禍上身。而對於一個謀略家來說，這正是亂中取勝、借力獲利的大好時機。

建安二十四年（西元二一九年），關羽北征襄樊，勢如破竹，後來卻敗走麥城，失守荊州，成為驕縱大意的負面教材。

而相對於孫權、呂蒙、陸遜擒服關羽的風光，曹操在整個過程中似乎顯得很無能。大將龐德被斬，于禁投降，樊城被圍，內有魏延謀反，外有民變掣肘，關羽又一路挺進，嚇得曹操一度打算遷都，避開關羽的鋒芒。

然而，細看曹操的表現，我們可以發現其一流的智謀和一流的政治操盤，離間計運用嫻熟，反離間也運作自如，只佔便宜，不吃暗虧，和孫權既聯合又鬥爭，和與戰的分寸掌握得恰如其分。

就在曹操有意遷都時，司馬懿、蔣濟提出異議。他們認為，孫權和劉備結盟，「外親內疏」，互相提防，關羽得志非孫權所樂見。所以，不如籠絡孫權，曉以利害，和孫權結盟。

司馬懿和蔣濟的看法是對的。劉備佔據荊州不還，又奪益州、取漢中，並且稱王（漢中王），孫權心裡很是不滿。先前提議和關羽結為親家，反遭關羽羞辱，而今關羽大軍震動中原，更讓孫權沒有安全感，於是，十年來孫、劉結盟的態勢破局。孫權和曹操打了十年仗，這回決定和曹操聯手，對付氣焰正盛的關羽。

聯合次要的敵人，對付主要的敵人，是合縱連橫的基本法則。諸葛亮、魯肅的高度共識，促成了孫、劉合作。如今，利益衝突又使孫權投向了曹操。孫權一邊向曹操遞送降書，另一邊又出兵襲取荊州，攻打江陵、公安兩座城，並要求曹操為他保密。

曹操喜出望外，但並未被喜悅沖昏頭腦。曹操何等厲害，他要來個「一石二鳥」之計。他表面上答應孫權保密防諜，暗地裡卻將軍機洩露給了關羽。

提出這項建議的是董昭，董昭在軍事會議上力排眾議，反對保密，他認為應該讓關羽知道孫權的襲擊計畫。

「關羽獲悉吳軍的意圖後，如果回防，樊城自然解圍。讓他們兩方相鬥，我們可以坐收漁翁之利。」董昭說，「更何況，樊城守軍不知會有救兵，糧盡援絕，心中惶恐，萬一生變，大勢不好。」

董昭最後分析：「關羽為人孤傲，自恃江陵、公安二城防務堅固，不會即刻退兵。」於是，曹操把孫權的書信分別射進了樊城和關羽陣營。

果然，樊城守軍知道救兵將到，咬緊牙關緊守，關羽攻不下來，而後正如董昭所料，猶豫不決，不知道該不該南返荊州，守護江陵、公安。

關羽不撤，卻傳來江陵、公安生變，已向孫權投降的消息，關羽只好急急撤軍。

曹操後來的謀劃，再度展現出了他善於離間的一面。曹操聽說關羽撤退，並沒有下令追擊，反而要求按兵不動。

曹操清楚得很，孫權豈會那麼輕易上書降服，他這麼做，無非是想趁關羽和曹軍相持不下時，進擊荊州，又擔心關羽率軍回救，兩虎相鬥，魏軍從中得利，因此恭恭順順要求軍事合作。如今關羽敗走，魏軍反守為攻，擒服關羽大有機會，但隔山觀虎鬥的一方變成了孫權，對魏不利。

孫權的如意算盤打得雖好，曹操的錦囊妙計卻使得更妙，他乾脆不理會關羽，把關羽留給孫權，讓他們捉對廝殺。

孫權殺了關羽後，不知禍害即將上身，因為劉備為了替關羽報仇雪恨，必定會和曹操聯軍攻吳。張昭點醒孫權，同時建議把關羽首級轉送曹操，讓劉備以為是曹操所主使，劉備必然會把矛頭指向曹操。

孫權的詭計逃不過司馬懿的法眼。曹操接到裝有關羽首級的木匣後，為除去這心頭大患而心安，而司馬懿卻指出，這是孫權的移禍之計，破解之策是「將關公首級，刻一香木之軀以配之，葬以大臣之禮」。如此一來，劉備必定南征孫權，曹操只需以逸待勞，落井下石，攻打落敗的一方，再徐圖發展，擺平倖存的另一方。

原本，關羽的頭顱就像個燙手山芋，誰接到誰倒楣。而曹操厚葬關羽，把嫁禍的受害者丟還給孫權，這才有了之後劉備大軍伐吳之事。

接下來，漁翁得利的曹操只剩坐山觀虎鬥的愜意了。

以現實的眼光來看，曹操的做法未免不太厚道，但戰爭是無情的，所謂兵不厭詐，這些都情有可原。如果聯繫到實際，我們在借鑒這一謀略的時候，一定要把握好分寸，利己可以，但切記不可損人。你可以借助他人之手解決自己手頭的棘手問題，但要爭取實現雙贏的局面。

歷史上，漢高祖劉邦率領大軍與匈奴交戰，劉邦求勝心切，帶領一小股騎兵追擊匈奴人，不料中了敵人的埋伏，被困白登山。此時，漢軍的後續部隊已被匈奴人阻擋在各要關路口，無法前去解圍，形勢萬分危急。到了第四天，被困漢軍的糧草越來越少，劉邦坐立不安，手足無措。謀士陳平靈機一動，想出了一條借匈奴單于夫人閼氏脫身的計謀。

劉邦大喜，趕忙派一名使者帶著一批珍寶和一幅美女畫秘密會見了閼氏，使者奉上珍寶，對閼氏說道：「這些珍寶是大漢皇帝送給您的，大漢想要和匈奴和好，特奉上這些珍寶，請您務必收下，在單于面前美言幾句。」

閼氏無動於衷，使者又獻上那幅畫，說：「大漢皇帝怕單于不答應講和的條件，準備把中原的頭號美女送給他，這是她的畫像，請您先過目。」

閼氏接過畫像一看，果然是一個貌似天仙的美女，心想：如果單于得到她，還有心思寵愛我嗎？於是，當下說道：「珍寶我留下了，美女就不用了，我請求單于退兵就是。」

漢軍使者走後，閼氏立即去見單于，說：「聽說漢朝的援軍就要到了，到那時我們就會陷入被動，不如現在接受漢朝皇帝的講和要求，趁機向他們多索取一些財物。」

單于經過反覆考慮，覺得夫人的話很有道理，於是答應了漢軍的講和。後來，單于得到了一大批珍寶和財物，放走了劉邦君臣。

珍寶和財物並不能打動單于夫人的心，但借用一幅美女圖，利用女人善妒的心理，劉邦終於轉危爲安。這就是善借的威力。

2 借一種旗號提升影響力

借力有多種途徑，而借一種旗號來提升自己的影響力便是其中之一。

曹操剛崛起時，天下各主要勢力各有優勢，如孫策憑藉長江天險固守江東，劉備則憑藉「光復漢室」的招牌而感召天下。在這種群雄並起的形勢下，要想謀求霸業，必須營造一種自己的優勢來號令天下，曹操經過比較權衡，決定以「奉戴天子」，也就是「挾天子以令諸侯」作為自己的政治優勢。

據史料記載，曹操剛自領兗州牧，他自己任命的治中從事毛玠即對他說：「今天下分崩，國主遷移，生民廢業，饑饉流亡，公家無經歲之儲，百姓無安固之志，難以持久。」又說：「夫兵義者勝，守位以財，宜奉天子以令不臣，修耕植，畜軍資，如此則霸王之業可成也。」

這些話正合曹操之意，於是曹操立即使從事王必到河內太守張楊處「借路」西去長安，張楊不聽。

當時正好袁紹任命的魏郡太守董昭因得不到袁紹的信任而離開袁紹，意欲經河內去長安，為張楊所留，董昭對張楊說：「袁、曹雖為一家，勢不久群。曹今雖弱，然實天下之英雄也，當故結之。況今有緣，宜通其上事，並表薦之；若事有成，永為深分。」

當時，曹操尚仰賴於袁紹，而董昭竟能看出將來成功者是曹操而不是袁紹，亦可謂是善斷大事而識人者。經董昭一點，張楊豁然明白，於是准許曹操的使者經過他的地盤而到長安進事，並表薦曹操。同時，董昭還以曹操的名義寫信給長安諸將李傕、郭汜等人，並且到處打點送禮。

投石問路，曹操算是邁開了其雄心大略的第一步。

曹操的使者到了長安，李傕、郭汜等以為關東軍閥都想自立為天子，現在曹操雖有使者，但未必誠實，便準備把使者扣留，以示拒絕。黃門侍郎鍾繇勸傕、汜說：「方今英雄並起，各矯命專制，唯曹兗州乃心王室，而逆其忠款，非所以副將來之望也。」李傕、郭汜聽從了鍾繇的意見，對曹操「厚加答報」。自此開始，曹操便有了使者通皇帝。

所謂「厚加答報」，其中最主要的是指興平二年（西元一九五年）十月承認了曹操自領兗州牧的合法性，獻帝「拜操為兗州牧」。

曹操得到拜授之命，立即寫了一份《領兗州牧表》給獻帝。文字內容不長，但充分表達了三層意思：首先，是講自己不會忘卻皇恩，對漢室的忠心絕對不會改變，就算是搭上自己的身家性命也在所不惜。其次，是說自己一生征伐沒有間斷過，但沒有哪一次不是為了符合皇帝的意願而進行的，一直都是把皇上的旨意舉到頭頂，以此理由把自己的連年用兵的真實企圖掩蓋過去。最後，結尾不忘說自己愧對皇家厚待，說自己現在受的禮遇和貢獻不相稱，恐不敢當之類，怕別人譏笑，有點進退兩難。

這樣的表章，既接受了授命，又出言得體，理所當然地得到了朝廷的讚賞。

為奉迎天子，曹操積極準備，可謂費盡心機。但天有不測風雲，正當曹操積極謀劃進駐洛陽以迎天子的時候，時局發生了戲劇性變化，本來是董承憑險拒操，但這時曹操卻突然收到了董承的「潛召」。

史載，韓暹矜功專恣，董承患之，於是「潛召」操，操乃引兵進駐洛陽；進了洛陽，曹操當機立斷，趁其他兵眾大多在外之機，「因奏韓暹、張楊之罪，暹懼誅，單騎奔楊奉」。這時，張楊、楊奉之兵均在外，韓暹又跑了，洛陽城中兵勢最大的就是曹操。曹操深知如何利用天子，更知如何對付反對力量，因此當即依靠暴力奪取了權力。

獻帝七月甲子到洛陽，八月癸卯封張楊為大司馬、韓暹為大將軍、楊奉為騎將軍，辛亥曹操自領司隸校尉、錄尚書事。前後不到五十天，漢天子便落到了曹操的控制之中。

天子已在曹操的掌握之中，接下來就看如何利用了。打著天子的旗號，曹操便可以東征西討，為出兵製造藉口，如他討伐袁術即為一例。

袁術「天性驕肆，尊己陵物，及僭偽號，淫穢茲甚，媵御數百，無不兼羅紈，厭粱肉，自下饑困，莫之簡恤」。當時，只有陳國（今淮陽）較富庶，陳屬豫州，但與揚州轄境相近。袁術求糧於陳，陳國相駱俊拒絕不給，袁術率兵擊陳，殺死陳國王劉寵及相駱俊。對此等滅國大事，朝廷不能置之不理，曹操既挾天子，當然有理由立即征討。

此外，曹操還以天子名義大封百官，培植個人勢力，打造私家集團。他向跟隨自己征戰多年的一些謀士托以重任，其中最值得重視的是荀彧。

曹操迎帝都許，即以荀彧為侍中，守尚書令，每有軍國大事，均與荀彧商量。

曹操不僅重用舊部，也不忘把有功於前的人物安排在重要位置上。如曹操以程昱為尚書，繼而拜東中郎將，領濟陰太守，都督兗州事。

滿寵，字伯寧，山陽昌邑人，曾做高平縣令，曹操領兗州牧，任其為從事。滿寵隨軍征戰，頗多功勞，曹操以滿寵署西曹屬，並任都城許之令。西曹是主管府吏錄用的衙門。這樣，毛玠在東曹，滿寵在西曹，曹操便透過這兩個心腹，把所有文武大員的除授權力控制在自己手中。許令，即京都之長，官秩雖低，但其重要程度可想而知。

曹操沒有忘掉那些幫助過自己的人，如董昭、鍾繇等。董昭，字公仁，濟陰定陶人，曾為柏人令，袁紹以為魏郡太守，後離開袁紹，在曹操西迎天子與還帝都許大事中有重大貢獻。曹操委以重任，後來遷河南尹，繼領冀州牧。

鍾繇，字元常，潁川長社人，曾為尚書郎廷尉正、黃門侍郎，說服李傕、郭汜允許曹操通使天子。曹操拜繇御史中丞，遷中尚書僕射，並封東武亭侯。

有了天子這塊招牌，曹操可謂是如魚得水、如虎添翼。政治上，他先發制人，挾天子以令諸侯；外交上，他更是打著「天子」的旗號，「奉辭伐罪」，製造聲勢。

赤壁之戰前夕，在是否立即對孫權用兵的問題上，謀士賈詡曾對曹操說：「明公此前打敗了袁氏，現在又奪取了荊州，威名遠揚，軍勢大盛。如果能夠利用荊州富饒的條件，獎勵吏士，安撫百姓，使之安居樂業，那麼不用興師動眾，就可以讓孫權前來歸服了。」

這是一個從長計議的辦法，目的是要在荊州站穩腳跟，獲取民心，最後再迫使孫權不戰而降。但曹操輕而易舉地奪取了荊州，眼下兵威正盛，雄心勃勃，恨不得立即就將孫權拿下，哪裡聽得進賈詡的勸告。再說關中還有馬超、韓遂的威脅，後方的鞏固也存在問題，他不能安坐荊州，靜待孫權前來歸附。

因此，在稍事準備之後，曹操就派人給孫權送去了一封信，信上說：「近者奉辭伐罪，旌麾南指，劉琮束手。今治水軍八十萬眾，方與將軍會獵於吳。」

這實際上是向孫權下的一封戰書。「奉辭伐罪」謂奉天子之命討伐有罪之人，說得義正詞嚴、理直氣壯。戰爭講究師出有名，凡事都要有個藉口，否則就是非正義的一方，眾人槍口必將一齊瞄準他。曹操借天子名義，不僅師出有名，而且在輿論攻勢上也勝了一籌。

這封信送到柴桑後，果然產生了不小的威懾效果。孫權將信拿給眾人看，竟然有不少人嚇得變了臉色，紛紛勸孫權迎降曹操。

長史張昭的意見很有代表性，他說：「曹操就像豺狼猛虎一樣，假借丞相的名義，挾天子以征四方，什麼事都說成是朝廷的命令，今天如果加以抗拒，對我們將會很不利。而且，將軍抗拒曹操的條件只不過是長江天險，而現在曹操佔據了荊州，將從劉表那裡接收過來的水軍和上千艘艨艟鬥艦沿江擺開，兼有步兵，水陸俱下，而我們的兵力是不能與之相提並論的。依我看，最好的辦法還是前去迎接曹操。」

雖然後來曹操赤壁兵敗，但從上述內容看，曹操扛的天子這面大旗還是頗有威懾力的。

中國古代有一句俗語，叫「要想打鬼，借助鍾馗」。打鬼借助鍾馗，確實是一個十分高明的借力手段，因爲一方面，鬼是怕鍾馗的；另一方面，誰有了鍾馗，誰就掌握了打鬼的優勢與主動權。

春秋鄭莊公在位時，就曾以王師的名義伐宋，引得齊、魯等大國派兵前來相助。鄭莊公的幾位繼承人也都抓住了「勤王」這面旗幟，其中最有作為的厲公曾挾「勤王」之功以爭雄於諸侯，只因壽命所限，功虧一簣。

齊國在管仲的治理下，經濟、軍事力量都日益壯大，在諸侯中取得了一定的地位。與此同時，周王室已日薄西山，氣息奄奄，已沒有什麼遵從聽命的必要。於是，齊國調整其爭霸謀略，將「奉天子以令諸侯」調整為「挾天子以令諸侯」。

齊桓公北杏主盟時，遂國沒有到會，魯國也有些不服，齊桓公便率軍將遂國滅掉了，魯國因此感到威脅，於西元前六八一年冬天同齊在柯地結盟。而魯與宋又是對頭，宋見魯國與齊國盟好，很是不高興，宋與齊的關係由此破裂。

西元前六八〇年，齊桓公聯合陳、曹伐宋，並請周王室派軍相助，周工派王臣單伯來到齊軍中，表示對齊桓公的支持。鄭國見周王支持齊國，便也加入了對宋國的戰爭。於是，齊桓公正式打出天子的使命，率諸侯大軍伐宋。這是繼鄭國之後，再次打起「挾天子以令諸侯」的旗號。

齊桓公率兵到達宋國邊界，與眾臣商議攻宋之策。大夫寧戚說：「主公現挾天子以令諸侯，破宋並不困難。但以臣愚見，以威取勝不如以德服人。臣願意憑三寸之舌，前去勸宋公求和。」齊桓公同意了這一建議，派寧戚等數人一同前往宋都。

寧戚見到宋公，對其曉以利害說：「現在天子失權，諸侯爭鬥不斷，齊侯恭奉王命，與諸侯結盟，而你們卻出爾反爾，天子非常生氣，因此派遣王臣率領諸侯來向你們討罪。如今王師壓境，不待交戰，我已知勝負了。」宋公向寧戚請教辦法，寧戚表示，願引薦與王師講和。

在多國軍隊的壓力下，宋國向齊求和。西元前六七九年春，齊、魯、宋、衛、陳、鄭在衛國的鄄城相會，齊桓公主盟為諸侯長，這時，齊國的霸主地位才真正確立。

挾天子以令諸侯，代天子而行威權，內尊王室，外攘四夷，於列國之中扶助衰弱者、壓制強橫者，討伐昏亂不聽命者，是齊桓公奪取政治上主動地位的重要王牌。

秦末陳勝、吳廣發動農民大起義的時候，也變相採用了這種借力技巧。為了鼓動起義，他們抬出了扶蘇和項燕這兩塊招牌。扶蘇本是秦始皇的太子，由於在政見上和父親相左，被派往北方蒙恬軍中。當秦始皇病死沙丘之際，扶蘇的小弟胡亥和趙高勾結，發動宮廷政變，假造詔令登基，並將扶蘇處死。

但宮廷政變純係上層統治者的陰謀活動，當時一般人不知扶蘇真的已死。項燕原本是楚國大將，和士兵關係較好。他早在秦統一前便被秦軍所殺，但當時人「或以為死，或以為亡」，說法不一。陳勝找了兩個人，讓他倆冒充扶蘇和項燕，借用他們的名義進行反秦起義和造勢，推動了中國歷史上第一次農民起義的爆發。

做事情，尤其是做大事情，一定要借助一種招牌，或者說打著一種旗號，而這種招牌和旗號的名聲必須是響亮的，表面的威信必須是公認的，這樣才能感召眾生，得到擁護。

對於「借一種旗號」這一底牌，歷來貶多褒少。人們常用的形容詞是「拉虎皮，做大旗」，投機鑽營，尋找「靠山」，似乎非正人君子之所爲。這一觀點缺乏公正性。固然，有些人利用這一手段，做了許多傷天害理的事，通過這一手段爬上社會高層，禍國殃民，爲非作歹。但這絕不是借力韜略本身的過錯，而在於借力的人。這就如同科學既可以被野心家用來作惡，也可以爲人類造福一樣。

因此，對於現代社會的競爭者來說，要想成就一項事業，就必須正確認識和對待借力這一底牌的力量和作用，正視權威人物，想辦法贏得他們的支持，這樣可以少走許多彎路。

3 空手套狼，變敵有為我有

所謂「無中生有」，就是在戰爭中化敵有爲我有，這既需要高超的膽量，也需要有靈活的戰術。在戰鬥中，掠奪敵方資源，以爲己用，是補充軍力的有效途徑。

曹操在山東時，與各地諸侯相比，只能算是一小股軍事力量，加之新近起事，沒有很充足的物質儲備。因此，遇到災年，軍糧就成了大問題。荀彧提出了「重地則掠」的謀略，使得曹操輕鬆地從黃巾軍手中收掠了大量的軍事物資，解了燃眉之急。

謀略之法自古以來就是一種實用戰術。春秋戰國時期，諸侯紛爭，天下大亂，人人難以自保，個個希望偷生。但戰略的物資就是那麼一點點，勝利的利益也只有那麼一點點，不可能人人爭得，所以，謀略之法其實在某種意義上就是一種掠奪之法，謀略的本質就是掠奪。在複雜的人類社會生物鏈中，大魚吃小魚，小魚吃蝦米，屢見不鮮，而曹操卻游刃於這個殘酷的競爭遊戲之中，在那裡找到了生存、壯大、發展、稱霸的武器。

當時，曹操攻打徐州，為父報仇不成，回師山東，時逢大旱之年。曹操在鄄城，得知陶謙已死，而劉備已經被任命為徐州牧，十分生氣地說：「我仇未報，汝不費半箭之功，坐得徐州！吾率先殺劉備，後戮謙屍，以雪先君之怨！」說罷便傳號令，要即日起兵攻打徐州。

此時，荀彧入內勸諫曹操說：「昔高祖保關中，光武據河內，皆深根固本以制天下，進足以勝敵，退足以堅守，敵雖有困，終濟大血。明公本首事兗州，且河、濟乃天下之要地，亦是昔之關中、河內也。今若取徐州，多留兵則不足用，少留兵則呂布乘虛寇之，是無兗州也。若徐州不得，明公安所歸乎？今陶謙雖死，已有劉備守之。徐州之民，既已服備，必助備死戰。明公棄兗州而取徐州，是棄大而就小，卻本而求末，以安而易危矣。願熟思之。」

曹操說：「今歲荒乏糧，軍士坐守於此，終非實策。」

荀彧說：「不如東略陣地，使軍就食汝南、潁川。黃巾餘黨何儀、黃劭等，劫掠州郡，多有金帛、糧食，此等賊徒，又容易破；破而取其糧，以養三軍，朝廷喜，百姓悅，乃順天之事也。」

曹操採納荀彧建議，決定從敵人手裡掠奪資源以為己用，戰局終有轉機。

每個人做事都不可能具備百分之百的自身條件，在我們身邊，有許多可以利用的東西，雖然不為我們所有，但用用也無妨。比如，父輩及朋友的人際關係，他人的成功經驗及失敗教訓等。簡單地說，就是要利用一切可利用的資源，這也是古兵法中所說的「重地則掠」的道理。

「重地則掠」出自《孫子兵法》，其曰：「入人之地深，背城邑多者為重地。」「重地吾將繼其食。」「國之貧於師者遠輸，遠輸則百姓貧。」「善用兵者，役不再籍，糧不三載，取用於國，因糧於敵，故軍食可足也。」「故智將務食於敵，食敵一鐘，當吾二十鐘，芑杆一石，當吾二十石。」意思是說：深入敵國境內作戰，從本國運糧不僅不方便，還會使國內百姓貧困。善於用兵的將領，不一定非得從國內徵兵、運糧，應獲取敵國之兵、取敵國之糧為己所用。

由此可見，要取得戰爭的勝利，沒有長遠的戰略眼光是不行的，長久的戰略意圖是軍事戰爭中的最終利益所在，而短時的勝負對於戰局的變化並無多大影響。從這個角度來講，長線勝於短線，眼前利益服從於長遠利益。

從無到有，化他有為我有，是世界上一切經濟活動的根本實質。實際上，當今世界的鉅賈富賈，他們當初創業時大都兩手空空，毫無本錢，多靠借貸起家致富，這也是一種商戰中的「以戰養戰」。當自己的力量十分微弱時，有必要借助他人或他方的力量實現自己發展的意圖，借雞生蛋術就是對這一策略的精闢概括。

宋朝時，山東淄博有一個叫韓生的窮秀才，手無縛雞之力，又無一技之長，地主老財連地也不肯租給他。於是，他想出了一個養雞下蛋換錢花的方法來維持生活。

但他連買雞雛的錢都沒有，只好同別人商量借雞養，即別人的雞由他飼養，下兩個蛋，給別人一個，自己留一個。結果一年間，他就由十幾隻雞發展到一百多隻，又過了一年，發展到三百多隻。僅數年時間，韓生便成了當地的富戶，從此就有了「借雞生蛋」一說。

每個人都渴望財富，然而，多數人終其一生都過著並不富裕的生活。他們很渴望掌握通向成功的密碼，但始終沒有找到。事實上，成功的密碼很簡單，只是人們習慣了將它複雜化。它就是除自身的努力之外，再加上一個「借」字。懂得了借，財富將不再遙遠。

鑽石是珠寶之王，若想經營好珠寶生意，就必須經營好鑽石。可是，鑽石的主要來源地是南非，當地由一個壟斷性經營鑽石的戴比爾斯（De Beers）公司，控制了全球八成的鑽石，香港進口的鑽石大都從那裡來。

那裡的鑽石對世界各地採取配給的形式，全世界大概有五百張戴比爾斯的牌照，也就是分配的許可證，沒有這種特殊牌照，便不能批購鑽石。

其實，南非的鑽石礦是南非政府所有，外人豈能染指？那麼，香港鑽石王鄭裕彤是怎樣獲得戴比爾斯牌照的呢？他自有一套妙方。

他瞭解到南非的鑽石礦雖為國家所有，但鑽石加工廠卻是民間私營，而這些加工廠往往都擁有多個戴比爾斯牌照。買一間鑽石加工廠，就有可能擁有多個戴比爾斯牌照。鄭裕彤決心既下，便立即動身前往南非，買下一家鑽石加工廠，這樣不僅解決了從南非進口鑽石的大難題，同時也使他擁有了自己的鑽石加工廠。

這種「借雞生蛋」的謀略，使他一舉成為香港鑽石王。

透過上面的例子，我們可以看出，現代經濟中，「借」對於一個人的成功有很大的意義。事實上，社會上大多數經商成功者都是靠借來成就自己的。

我們來看一看洛維格是如何從銀行借到錢的。

美國屈指可數的大富翁洛維格所採用的集資方法，是用抵押的方式向銀行貸款，但他的抵押方式非常巧妙。當時，運油比運普通貨物賺錢，而買貨輪又比買油船便宜，所以洛維格便打算從銀行申請貸款買一艘大舊貨船，把它改裝成油輪，從事石油運輸。

但當他來到美國大通銀行申請貸款時，銀行的職員問他：「貸款可以，但是，你拿什麼證明你將來一定能還清本息？」

洛維格想到，他手中還有一艘破爛不堪但勉強能航行的老式油輪，現在正包租給一家石油公司，用它做抵押，貸款或許還有希望。他試探著說：

「我手裡有一艘油輪，現在租給一家石油公司，每月的租金剛好可以還上我每月應還貸款的本息數目，所以，我想把這艘船過到銀行名下，作為這筆貸款的抵押品。銀行可以直接從石油公司收取租金，直到貸款本息還清了，我再把船開走。」

由於洛維格思路很新，善於借用石油公司的信譽，因此雖然洛維格是單獨一個人，沒有足夠的信用，但那家石油公司的牌子很響，信用極好，按月付油船租金根本不是問題。

洛維格這一招的確很靈，他借石油公司的信用提高了自己貸款的可信度，終於從銀行貸到了第一筆資金。

這個案例告訴我們，銀行實際上也是一個企業，有利可圖的事當然不會放過，但銀行一般不直接參與做生意的過程，即它不對某個企業投資，但它可以提供本金，所以信用對銀行來說是極其重要的。

許多剛開始創業的人覺得，從銀行貸款太艱難了，不僅手續煩瑣，更重要的是創業之初，資本嚴重不足的時候很多，沒有足夠的財產做抵押，無法從銀行貸更多的錢。其實與銀行打交道，最重要的是取得信任，讓它有安全感，覺得把錢貸給你將來還可以收回。

生意場上的成功，有時需要巧妙借用他人的金錢來幹一番自己的事業。借他人的「錢袋」發自己的財，需要膽識、智慧，更需要技巧。能做到借別人的錢成就自己的事業，成功和財富將唾手可得。

4 借人之手，為我解憂

如果有些問題自己不能或不便解決，便可考慮把皮球踢出去，借助他人之手爲自己解憂。這是「借術」最常見的情況。

漢語有許多詞是十分生動而形象的，僅以「殺人」爲例，就有「殺人不見血」「借刀殺人」等說法，而這個「殺人不見血」既有一種恐怖陰險的意味，又給人一種深不可測的神秘感。

以曹操的一生來說，其殺人不計其數，但殺人的方法卻各不相同，廣爲流傳的幾個故事都充分表現了曹操殺人的陰險毒辣及高深莫測。例如，他不動聲色殺警衛，將錯就錯殺伯奢，無字密信殺荀彧，借刀殺禰衡等。

曹操殺人的原因不同，計謀也不同，目的更不同，在殺人這個問題上，十足表現了他陰險的一面。

當年，曹操招安張繡之後，採納賈詡的建議，打算找一位有文名的人去招安劉表。孔融薦出禰衡，誰知禰衡恃才自傲，將曹操的手下貶損了一番。

當時張遼在一旁，抽劍要殺禰衡，曹操制止說：「我正缺少一個鼓吏，早晚朝賀享宴，可令你擔任這個職責。」禰衡不推辭，應聲而去。

張遼說：「此人出言不遜，為何不殺了他？」

曹操說：「此人素有虛名，遠近皆知，今天殺了他，天下人必然說我不能容人。他自以為有能耐，所以令他為鼓吏來羞辱他。」

第二天，曹操大宴賓客，令鼓吏擊鼓。禰衡一身舊衣而入，擊《漁陽三撾》，音節殊妙，深沉遼遠，如金石之聲。座上人聽著，莫不慷慨流涕。

左右人喝道：「為何不更衣？」

禰衡當著他們的面脫下舊衣服，裸體而立，赤身盡露，客人皆掩面。禰衡慢慢穿上褲子，臉色不變。

曹操叱道：「廟堂之上，為何這般無禮？」

禰衡說：「欺君罔上才叫無禮。我露父母之形，以顯清白之體而已。」

曹操說：「你清白，那誰污濁呢？」

禰衡道：「你不識賢愚，眼濁；不讀詩書，口濁；不納忠言，耳濁；不通古今，身濁；不容諸侯，腹濁；常懷篡逆之意，心濁。我是天下名士，你把我用作鼓吏，這像陽貨輕賤孔子。」

曹操指著禰衡說：「令你去荊州做說客，如果劉表來降，就封你做公卿。」

禰衡不肯去，曹操便命備三匹馬，令二人挾持著他而去，並教文武官員在東門外為之置酒送行。

荀彧告訴大家：「如果禰衡來，諸位都不要起身。」

禰衡到，下馬入見，眾人皆端坐。

禰衡放聲大哭，荀彧問：「為什麼哭？」

禰衡說：「走在死柩之中，怎能不哭？」

眾人皆說：「我們是死屍，你就是無頭的狂鬼。」

禰衡說：「我是漢朝的臣子，不做曹操之黨羽，怎麼沒有腦袋？」

眾人要殺禰衡，荀彧急忙制止，說：「他不過是鼠雀之輩，用不著玷污我們的刀。」

禰衡說：「我是鼠雀，可還有獸性，而你們只能叫作寄生蟲。」眾人恨恨而散。

禰衡到荊州，見劉表之後，表面上頌揚劉表的功德，可實際上盡是譏諷。

劉表不高興，叫他去見黃祖。有人問劉表：「禰衡戲謔主公，為何不殺了他？」

劉表說：「禰衡多次羞辱曹操，曹操不殺他，是因為怕因此失去名望。曹操讓他當說使到我這裡來，是要借我的手殺他，使我蒙受害賢的惡名。我如今讓他去見黃祖，讓曹操知道我劉表有見識。」眾人皆說好。

禰衡至黃祖處，兩人一同飲酒，都醉了。

黃祖問禰衡：「你許都有什麼人物？」

禰衡說：「大兒孔融，小兒楊修。除此二人，別無人物。」

黃祖說：「我像什麼呢？」

禰衡說：「你像廟中的神，雖然受祭祀，遺憾的是不靈驗！」黃祖大怒，說：「你把我比成是土木製作的偶像了嗎！」於是殺了禰衡，禰衡至死罵不絕口。

曹操得知禰衡受害，笑著說：「這個以舌為劍的腐儒，自己遭到報應了！」

曹操借劉表、黃祖之手把自己的心頭之患處理得乾乾淨淨，並且沒有給自己帶來任何污點和不便，這一招實在高明。

懂得太極的人都知道，在太極的圖案中，陰陽兩魚相互依存，相互變化，彼此相生，它暗示著陰陽謀略的變化是你中有我、我中有你，所以高明的謀略家從來不會把自己的意圖暴露在別人面前。

春秋末期，齊簡公派國書為大將，興兵伐魯。魯國實力不敵齊國，形勢危急。孔子的弟子子貢分析形勢，認為唯吳國可與齊國抗衡，可借吳國兵力挫敗齊國軍隊。於是子貢遊說齊相田常。

田常當時蓄謀篡位，急欲剷除異己。子貢以「憂在外者攻其弱，憂在內者攻其強」的道理，勸他莫讓異己在攻弱魯中輕易主動，擴大勢力，而應攻打吳國，借強國之手剷除異己。田常心動，但齊國已作好攻魯的部署，轉而攻吳怕師出無名。

子貢說：「這事好辦，我馬上去勸說吳國救魯伐齊，這不就有了攻吳的理由了嗎？」田常高興地同意了。

子貢趕到吳國，對吳王夫差說：「如果齊國攻下魯國，勢力強大，必將伐吳。大王不如先下手為強，聯魯攻齊，吳國不就可抗衡強晉，成就霸業了嗎？」

子貢馬不停蹄，又說服趙國，派兵隨吳伐齊，解決了吳王的後顧之憂。

子貢遊說三國，達到了預期目標，他又想到吳國戰勝齊國之後，定會要脅魯國，魯國不能真正解危。於是，他偷偷跑到晉國，向晉定公陳述利害關係：吳國伏魯成功，必定轉而攻晉，爭霸中原，勸晉國加緊備戰，以防吳國進犯。

西元前四八四年，吳王夫差親自掛帥，率十萬精兵及三千越兵攻打齊國，魯國立即派兵助戰。齊軍中吳軍誘敵之計，陷於重圍，齊師大敗，主帥及幾員大將死於亂軍之中，齊國只得請罪求和。

夫差大獲全勝之後，驕狂自傲，立即移師攻打晉國。晉國因早有準備，擊退了吳軍。子貢充分利用齊、吳、越、晉四國的矛盾，巧妙周旋，借吳國之刀，擊敗齊國；又借晉國之「刀」，滅了吳國的威風。魯國損失微小，卻能從危難中得以解脫。

世界上沒有解決不了的問題，只有不夠聰明的頭腦。或許你手中燙手的山芋就是別人眼中的香餑餑，換個角度思考問題，借別人之力，你就會發現，事情並沒有你想像的那麼棘手難解。

5 借別人的「光」照亮自己的路

有時，完全憑我們一己之力，很難做出成績，甚至根本沒有機會去實現自己的想法，而別人的引薦或一句讚美之言就能幫我們照亮前進的路，讓成功來得更快。

少年曹操因為頑劣異常，不治學業，因而「世人未之奇也」，沒有太多人看好他，大家都認為這小子是曹家新上市的「地雷股」。但也有一些人認為這樣一個聰明異常的孩子一旦上道，將會是一支前途遠大的「潛力股」。

持這種觀點的有兩人：一個是當時有俠名的黨錮中人何顒，估計他是看中了少年曹操身上那股不羈的氣質；另一個則是東漢末年的名士橋玄（也有人稱作喬玄），此人就是《三國演義》中大喬、小喬的父親，也就是孫策、周瑜的岳丈喬國老的原型。

青年時代籍籍無名的曹操曾經拜望過這位老前輩。交談過後，橋玄對眼前的這位年輕人頗為讚賞，對他說：「天下即將大亂，今後能夠讓人民重歸安樂的人，非你曹孟德莫屬。」

得到有「知人」之名的橋玄的稱讚，曹操頓時身價倍增。而橋玄對青年曹操的幫助，也並不僅僅限於「背書」一途，他將這個被自己視為未來大漢棟梁之材的人進行了一番精美包裝，並隆重推薦給了朝廷。

橋玄推薦曹操去見一個人，一個在當時以品評人物而知名於天下的人——許劭，他同從兄許靖主持了一檔在當時影響極大的「節目」，叫「月旦評」，即在每個月對當時朝廷內外的人物進行品評，而「月旦評」的意見常能上達天聽，被當政者採納。橋玄的目的就在於希望以許劭的點評，為曹操鋪就一條通往政壇的「高速公路」。

於是，躊躇滿志的曹操沐浴熏香，備上厚禮，拿著橋大人的推薦信，興沖沖地前去拜望鼎鼎大名的許劭。

不料，這許先生不知出於什麼原因，就是不給橋大人面子，曹操在許府一而再、再而三地吃閉門羹。

正在弱冠之年、血氣方剛的曹操惱火非常，不禁又使出了他原本就擅長的「非常手段」，找個機會抓住了惜字如金的許先生，硬是逼他說了一句評語，而此語一出，卻讓兩個人全都名聲大噪。

這句考語的原話是「清平之奸賊，亂世之英雄」，而讓許劭名垂後世的卻是原話的「改編版」——「治世之能臣，亂世之奸雄」。

我們今天已經很難分析在曹操流氓手段的威逼下，他得到的這句點評有多少是出自許劭的真心，但有一點可以確定，原本十年「玩鬧」無人問的曹操，靠著這句評語名聞天下。

有了橋玄、許劭這樣「輿論名嘴」的開光，一些原本「唱衰」曹操的人也加入到為曹操搖旗吶喊的隊伍。

借貴人的「光」，可以為自己照亮前進的方向。很多人相信「愛拼才會贏」，但有些人拼盡全力也沒贏，這大概是因為缺少貴人相助。在某個關鍵時刻，若能有個貴人推你一把，也許就能使你「鯉魚躍龍門」。

推薦諸葛亮給劉備的第一個人是司馬徽。司馬徽的身分是「隱士」，沒點兒學問能當隱士嗎？司馬徽的話，劉備完全相信。徐庶深得劉備信任，水準很高。他說諸葛亮比自己強百倍，徐庶的話，劉備也相信。

石廣元、孟公威高談闊論，使劉備折服，知道二人身分後，想起了司馬徽說的話「亮自比管仲、樂毅，石、孟只夠當刺史」，更想見諸葛亮了。諸葛均、黃承彥朗誦諸葛亮的詩詞，好像也在向劉備推薦諸葛亮。

《三國演義》中，似乎這些名士只起到了一個作用——推薦諸葛亮，就像是諸葛亮有意安排的似的！

諸葛亮未出茅廬時，自比「管仲、樂毅」。管仲輔佐齊桓公「一匡天下，九合諸侯」，誰人能及？樂毅率燕軍伐齊，連下七十餘城，哪個能比？這個讀書種田的青年人，自認為能比，當時很多人都嘲笑他。

諸葛亮雖然有才學，但政治履歷空白，空有大志，誰能證明你有本事呢？既然自視大賢，不能毛遂自薦，世道混亂，又不能通過考試顯示才能，該怎麼辦呢？

諸葛亮化主動為被動，採用「名人推薦法」。當時他在荊州很有名氣，一些有知人之明的賢能人士慧眼識才，對他印象頗佳。他社交工作做得很到位，人脈很廣，聲名遠揚，因此他不急，他知道有一天會有明主來訪求自己。

雖然他沒有有意讓眾人推薦自己，但劉備還是知道了他的存在。三顧茅廬後，諸葛亮隨劉備出山，成功地走上了建功立業的舞臺。

在攀登事業高峰的過程中，貴人相助往往是不可缺少的關鍵環節。這不僅能縮短你走向成功的時間，還能加大你的籌碼。

李鴻章早年屢試不第，「書劍飄零舊酒徒」，為此，他一度鬱悶失意。然而，一八五八年，他卻受到命運之神的眷顧，從一個潦倒的失意客一躍而成為湘系首腦曾國藩的幕賓，從此，他的宦海生涯翻開了新的一頁。

李鴻章拜訪曾國藩，牽線搭橋的是其兄李瀚章，李瀚章是曾國藩的心腹，當時隨曾國藩在安徽圍剿太平軍。因為這層關係，曾國藩把李鴻章留在了幕府，「初掌書記，繼司批稿奏稿」。李鴻章素有才氣，善於掌管行文，批閱公文，起草書牘、奏摺甚為得體，深受曾國藩的賞識。

有一次，曾國藩想要彈劾安徽巡撫翁同書，因為他在處理江北練首苗沛霖事件中決定不當，後來定遠失守時又棄城逃跑，未盡到封疆大吏守土之責。曾國藩憤而彈劾，指示一個幕僚擬稿，但總是擬不好，自己親自擬稿也還是擬不妥當，覺得無法說服皇帝。

因為翁同書的父親翁心存是皇帝的老師，弟弟是狀元翁同龢。翁氏一家在皇帝面前正是「聖眷」正隆的時候，而且翁門弟子佈滿朝野。怎樣措辭才能讓皇帝下決心破除情面、依法嚴辦，又能使朝中大臣無法利用皇帝對翁氏的好感來說情呢？曾國藩為此大費躊躇。最後，這個稿子由李鴻章來擬。

奏稿寫完後，不但文意極其周密，而且有一段剛正的警句，說：「臣職分在，例應糾參，不敢因翁同書之門第鼎盛，瞻顧遷就。」

這一寫，不但皇帝無法徇情，朝中大臣也無法袒護了。曾國藩不禁擊節讚賞，就此入奏。收到彈劾後，朝廷將翁同書革職，發配新疆。通過這件事，曾國藩更覺李鴻章此才可用。

當然，如果一個人一無所長，是很難得到貴人賞識的。即使僥倖獲得高位，也肯定有一堆人等著看笑話。而且，貴人也會很謹慎，選擇一個「扶不起的阿斗」，那不是往自己臉上抹黑嗎？「相馬相出一個癩蛤蟆」，那可是天大的諷刺。「伯樂相馬」，同時「良禽擇木而棲」，所以雙方最好各取所需，以誠相待，投桃報李。

月亮本身不發光，卻能借太陽之光，使自己明亮起來。對於缺乏成功條件的人，有時也必須借別人之光，幫助自己超越平凡。

第六章

控制局面，學會迂迴前進

開疆闢土爭天下，仗是一定要打的，只是打仗不一定非要硬碰硬。要戰勝對手，架高、分化、反間、借勢等都是關鍵性因素。將這些策略運用自如，可以從根本上瓦解敵對者的鬥志，削弱敵對者的力量，達到不戰而勝的目的。

1 化整為零，逐個擊破贏全域

任何強大的事物都有自身的弱點，與其進行吃力的整體對抗，不如逐個擊破。

在三國時期，誰佔領了中原，誰就佔領了天下的八分江山。所以，對於中原地區的角逐一直都存在，並且從未停止過。包括曹操在內的那些英雄，每個人都希望自己能夠開闢出一個新的世界。

在眾多勢力之中，最不服輸的就是袁紹，而最有韌性的則是曹操。袁紹在戰敗後，採用了謀士策略，派劉備去攻曹操的根據地許都，迫使曹操不得不回兵救援。

兩軍相遇，戰局最初對曹操很不利，為了扭轉局勢，曹操及時採取分而攻之的策略，以糧草為誘餌，迫使劉備不得不把幾員大將分派出去，間接地削弱了他的戰鬥力，造成劉備大營兵力空虛。

這只是曹操謀略的第一步。隨後，曹操又對劉備派出的每隊人馬施加壓力，迫使劉備不得不繼續派兵增援，最後分解了劉備的整體軍事實力。劉備在中心空虛後，面對曹軍的壓力不得不逃跑，隨即又中了曹操的埋伏。就這樣，由關羽、張飛、趙雲組成的一股強大的軍事力量，在曹操的計謀下變得不堪一擊，整體潰敗。

陰陽學說指出，事物的變化總是由量變逐漸過渡到質變，陰陽謀略的著眼點之一，就是通過陰陽雙方的力量對比逐漸達到對全域的控制，一舉把握天下大局。長期以來，曹操通過不斷的努力改變敵我雙方的力量對比，靠的就是陰陽謀略的這一原則。

面對強大的對手，一舉殲滅不是易事，此時如果採取化整爲零的策略，分化對手的力量，然後各個擊破，則要容易得多。在曹操邁向成功的道路上，對手又何嘗不是被他一口一口地蠶食掉的呢?

在兵法中，化整爲零的戰術常被用來對付強大的敵人。這樣做，一方面可以保證我軍實力，另一方面又能有效地擊破敵人的圍剿，衝出敵人包圍。

在對敵形勢中，集體的力量不是系統內部各要素的簡單相加，而是大於相加之和。面對集體力量，最好的化解方法是：一要解析出它內部起作用的幾個基本要素；二要看清這些要素的最大弱點；三要分散集體的核心力量，採取各個重點擊破策略，逐步造成集體癱瘓，最後讓集體力量化爲烏有。正如曹操所做的那樣，如果把對手比作一塊餅，用刀子把它切成許多塊，一口一塊，吃起來就容易多了，這就是分餅而吃的優點。

2 找到分化敵對力量的方法

競爭中，敵人內部如果團結一致，就會形成強大的力量，難以戰勝。這時，運用離間計往往可以收到奇效。離間就是在敵人內部挑起是非，引起猜疑，讓敵人分化或者產生內耗，從根本上削弱敵人的力量。

歷史上以離間之計制敵的故事比比皆是。

明朝末期，袁崇煥戍邊七載，先後大敗後金汗努爾哈赤及皇太極，取得寧遠大捷和寧錦大捷，穩定了遼東防線，鼓舞了明朝軍民抗擊後金軍的信心。後因遭閹黨魏忠賢的誣陷，罷職歸鄉。

西元一六二七年，朱由檢（即崇禎帝）即位後，起用袁崇煥為兵部尚書兼右副都御史，督師薊、遼，兼管河北、山東的軍事防務，並賜給袁崇煥一把尚方寶劍，給予他先斬後奏的大權。然而，崇禎帝是一個好大喜功、剛愎自用而又生性多疑的人，當袁崇煥於次年六月用尚方寶劍殺了私通敵國、為非作歹、不聽軍令的總兵毛文龍之後，崇禎皇帝就對袁崇煥產生了懷疑。

崇禎二年（西元一六二九年）十月，後金興兵攻明。皇太極由於畏懼袁崇煥，不敢直接進攻錦州，他避開山海關防區，繞道蒙古邊地，襲取龍井關、大安口，進逼北京。袁崇煥得知情報後，立即揮師入關，他自率幾千名騎兵，晝夜急馳，搶先趕到北京城下，並在廣渠門外擊敗了皇太極的進攻。

正當袁崇煥千里馳援、大戰後金之際，以魏忠賢餘黨溫體仁為首的一夥奸臣，乘機重彈「議和通敵」的老調，誣陷袁崇煥「縱亂擁兵」「引敵脅敵，將為城下之盟」。明朝廷的一夥閹黨餘孽則重金賄賂一些不明真相的文人墨客編寫小說，繪聲繪色地在京城內外大肆散佈袁崇煥是「漢奸」、勾結後金反明云云，這進一步加劇了崇禎皇帝對袁崇煥的懷疑。當袁崇煥因兵馬疲勞而要求入城休息時，他斷然予以拒絕。

皇太極獲知明朝廷中的上述情況後，便決定施行反間計，以達到用明朝皇帝之手殺掉袁崇煥的目的。為此，他故意引兵撤退，同時讓明軍降將高鴻中在囚禁兩個明朝太監的屋外對看守人員說：「你知道我軍為什麼退兵嗎？這是因為皇上和袁巡撫訂了密約，看來，佔領北京的大事很快就要成功了。」爾後，又故意讓兩名太監逃走。逃回城裡的太監立即向崇禎皇帝報告。已對袁崇煥疑心重重的崇禎皇帝一聽到太監的告發，更加深信不疑，馬上以召見為名，把袁崇煥逮捕下獄。

在後金軍撤離北京後，已經聽不進人言的崇禎皇帝不顧眾人的強烈勸阻，以「謀叛」的罪名將袁崇煥處死，這一舉動無異於自斷臂膀。直到清朝中期官修的《明史》問世之後，編史者從清人的歷史檔案中，發現了皇太極施離間計的原始記載，至此，袁崇煥的冤案才真相大白。

實施離間計，關鍵是要找到對方最容易被攻破的一個點，將隱患挑成明患，將小嫌隙變成大嫌隙。爲了用最省力、最快捷的方式打擊對手，沒有嫌隙也要製造出嫌隙來，對此，曹操可以說是個中高手。

曹操要一統天下，就要逐步掃除各地的割據勢力。馬超和韓遂的地盤都在關中，為了和曹操對抗，他們組成了聯軍。韓遂和馬超的父親馬騰是朋友，說起來還是馬超的叔叔輩。他們兩人既屬世交，又有共同的利害關係和共同的敵人，按理說這個聯盟應該是很牢固的。而且馬超英勇善戰，韓遂老成持重，也是很好的互補，曹操想拿下他們，絕非易事。戰事開始後，雙方互有勝負。為了打破這種僵持局面，曹操和謀士賈詡商議取勝之道，決定使用離間計。

機會說來就來。有一天兩軍交戰，韓遂出馬指名要見曹操，曹操便出陣來見他。兩人都是統帥而非一般戰將，自然不是只為了廝殺一番而出面，韓遂是想通過和談來解決戰事。韓遂和曹操在兩陣之間的中間地帶交談，他們也是舊相識，曾經同朝為官，談話的氣氛還是很好的。曹操東拉西扯，完全不給韓遂說正事的機會，連以往一起吃過什麼菜、看過什麼歌舞都翻了出來。韓遂沒辦法，只能隨口應和。

兩個人談到高興處不禁撫掌大笑，看起來十分和諧。談完後，韓遂回到本部，馬超就問韓遂曹操都說了什麼。韓遂實話實說，沒談什麼，就是一些沒營養的話。馬超不相信，剛和對方熱火朝天地談了半天，卻不肯把談話內容說出來，這還算什麼聯盟？隔閡由此而生。

過了幾天，曹操給韓遂寫了一封信，裡面暗語頗多，好像早有約定。這封信剛交到韓遂手裡，就有探子前去報信，馬超隨後趕到。看到此信，馬超心中疑慮更重，從此再也不相信韓遂。

聯軍主帥不和，打起仗來就會施展不開。曹操趁亂進軍，一舉擊敗了馬超和韓遂的聯軍，取得了決定性勝利。

馬超和韓遂的聯軍，表面聯為一體，實際上卻各自為政，他們手下的將士只有自己的舊主才指揮得動。這是聯軍不可避免的弊病，也是曹操實行分化離間的切入點。另外，曹操、馬超、韓遂三方力量中，曹操是最強的，馬超和韓遂聯合才有與曹操一戰的資本。如果有其中一方背棄盟約降曹，那麼吞掉另一方則易如反掌。

對於這一點，馬超與韓遂誰都不可不防。他們越對此戰戰兢兢、疑慮重重，曹操反間計的勝算就越大。相比之下，馬超的個人能力更強，兵馬更多，人又年輕氣盛，一旦翻臉，他會直接認定自己的判斷而不給韓遂解釋的機會。如果二人換一下位置，韓遂倒可能會心平氣和地與馬超討論詳情，尋找疑點，說不定曹操的離間之計就勞而無功了。曹操行事之前，已把這一切看得很透澈，所有變化盡在掌握之中。曹操勝馬、韓之聯軍，不在兵力，而在謀略。

不論是在真正的戰場上，還是在後方的商場與官場之爭中，離間計都是讓人防不勝防的一招。凡戰爭出現僵持狀態時，往往就是離間之計發揮效用的時候。沒有什麼樣的聯盟是水潑不進的，君不見即使是親人情侶之間，也常會因一點誤會而反目嗎？強攻硬闖打不開的口子，換一種方式可能就是轉機。從另一方面說，那些遭人詐騙的，大都因為「貪」，中了離間之計的，大都因為「疑」。自身有弱點，籬笆沒紮嚴，就別怪別人乘虛而入。

3 散佈假消息，聲東擊西

「兵者，詭道也。」在兵法裡，詭道是一切戰略的核心與基礎。詭道，就是不斷製造玄虛，讓敵人摸不透我方的真實意圖，造成敵人錯誤的判斷，然後再「攻其不備，出其不意」，獲得最終的勝利。

曹操與袁紹的角逐中，有一場著名的戰役——白馬之圍。當時雙方的軍隊都在黃河沿岸集結，袁紹在河北，曹操在河南，大戰一觸即發。

白馬在黃河南岸，對面即軍事重鎮黎陽。白馬和黎陽間的渡口作為袁、曹領地的南北通道，地理位置極其重要。建安五年（西元二〇〇年）二月，袁紹駐軍黎陽，派大將顏良攻打對岸的白馬，同時派大將文醜進攻另一要地延津。顏良攻勢猛烈，白馬守軍頂不住，派人送信向曹操求援。

白馬是一定要救的，擺在曹操面前的是怎麼救的問題。根據謀士荀攸的建議，曹操制訂了行動計畫。隨後，將士們接到命令去攻打延津，曹操有令，要不計一切代價快速拿下延津。曹營之中，也有袁紹的暗探，曹軍的動向被人通過密信傳到了袁紹大營。

袁紹召集謀士們開了個會，大家一致認為曹操的下一步計畫是要以延津為據點，抄袁軍的後路，這實在太危險了。於是，袁紹立即調派人馬增援延津。但曹操走到半路的時候，忽然派出一隊精兵抄小路直撲白馬，為首的將軍正是張遼和關羽。關羽躍馬陣前，在千軍萬馬之中刺死顏良，斬其首級而歸。袁軍大敗潰散，遂解白馬之圍。此戰後，曹操從被動轉為主動，為以後的大決戰奠定了良好的基礎。

曹操這條聲東擊西的計策在古今戰爭中很常見，重點是假消息如何取信於袁紹。袁紹那裡也是人才濟濟，不是得了什麼情報就會信什麼情報，所以必須做得像模像樣。

曹操打延津是假，這事知道的人越少越好。別看曹操派了關羽帶隊打顏良，關羽應該並不知道內幕。如此一來，上上下下都以為要去打延津，敵方的探子看到情況與聽到的消息一致，假情報才能快速回傳。還有就是在防禦上要內緊外鬆，平時防探子防洩密，此時反要有意無意地開一條通道，為敵方的暗探「保駕護航」。

一個精心設計的假消息，完全可以牽著敵人的鼻子走，從而讓自己的計畫順利實施。這種渾水摸魚的手法，在當代商戰中也時常可見。

一九七三年，蘇聯政府在美國放風說，打算挑選美國一家飛機製造公司為蘇聯建造一個世界上最大的噴氣式客機製造廠，該廠建成後，將年產一百架巨型客機。如果美國公司的條件不合適，蘇聯就將同英國或德國的公司做這筆價值三億美元的生意。

美國波音飛機公司、洛克希德飛機公司和麥克唐納．道格拉斯飛機公司三大飛機製造商聞訊後，都想搶到這筆「大生意」。於是，他們都背著美國政府，分別同蘇聯方面進行了私下接觸。蘇聯方面則在他們之間周旋，挑起他們的競爭。

波音公司為了能夠搶到這筆生意，首先同意了蘇聯方面的要求：讓二十多名蘇聯專家到飛機製造廠參觀、考察。在波音公司，蘇聯專家被視為上賓，他們不僅仔細參觀了飛機裝配線，還鑽到機密的實驗室裡「認真考察」了一番。他們先後拍了成千上萬張照片，得到了大量資料，最後還帶走了波音公司製造巨型客機的詳細計畫。

波音公司熱情地送走蘇聯專家後，滿心歡喜地等待他們回來談生意、簽合同，豈料這些人一去再無音訊。

不久，美國人發現蘇聯利用波音公司提供的技術資料設計製造了伊柳辛式巨型噴氣運輸機。這種飛機的引擎是英國羅爾斯．羅伊斯噴氣引擎的仿製品，而且有關製造飛機的合金材料也是從美國獲得的。

原來，蘇聯專家穿了一種特殊的皮鞋，其鞋底能吸引從飛機零件上切削下來的金屬屑，他們把金屬屑帶回去一分析，就得到了製造合金的秘密。

這一招，使得一向精明的波音公司叫苦不迭，有苦難言。

本來，美國波音公司作為全球最大的軍用和民用飛機製造商，應該有足夠的防範意識和保密措施，但他們被蘇聯方面的假消息所迷惑，一心想做成這單令人驚嘆的大生意而被人鑽了空子。

利用假消息給對方造成錯覺然後乘亂出擊，是競爭中常用的手段。至於散佈消息的途徑則有很多，如果是一般性的「小道消息」，看看周圍誰的嘴巴鬆，由他去做免費的發佈者最好。消息一出，在一定範圍內比光纜電波傳得都快。

另一種手法，是通過「不經意」的言行舉止，在相關人員面前露出些蛛絲馬跡，由他們自己觀察總結出來的資訊更容易形成誤導。在一些小說電影裡，還常常會有這樣一種情形，把假情報重重保護起來，讓盜取者歷盡艱險才得手。對這種情況，對方是不會懷疑情報有誤的，殊不知卻恰恰進了早就設好的羅網。

相反，如果久不聯繫的朋友忽然找你合作，素來強勢的對手陷入了軟弱無助的困境，相互牽制的政敵突然在言語中露出攻之必勝的破綻，此時，你最恰當的反應是擦亮眼睛看清楚。須知，天下沒有什麼簡單易爲的事。

4 將欲取之，必先予之

古人云：「將欲取之，必先予之。」釣魚時，首先要捨出一些餌料，才能得到魚，這就是所謂的「有付出才有回報」「吃小虧占大便宜」。在遇到問題時，如果懂得恰當運用「以利誘之」的策略，你將會收到事半功倍的效果。

曹操領兵救援劉延，解除了白馬之圍後，正打算收兵後撤，忽然聽說河北名將文醜為報關羽斬顏良之仇，率領大軍渡過黃河，追殺了過來。

曹操得知後，急忙下令讓後軍為前軍，前軍為後軍，並讓糧草輜重先行，軍兵在後迎戰文醜。眾將對曹操突然調整部署感到疑惑，不明白其用意所在，只有謀士荀攸說：「如此正可以餌誘敵。」

不錯，曹操正是為了使文醜產生輕敵冒進情緒，故意擺出錯誤的陣法，以利誘之，讓文醜去打劫沒有多少防備的糧草馬匹。

文醜果然中計，他成功奪了曹操的糧草馬匹，而且這點小勝也讓他變得趾高氣揚起來。誰知，正當他失去戒備之心時，曹操率軍乘機突然衝殺過來，文醜軍隊措手不及，頃刻大亂，人馬互相踐踏，刀槍遺棄遍地，文醜也在亂軍中被關羽所殺。曹軍取得了勝利，糧草馬匹又全部奪了回來。

在迎擊文醜的戰鬥中，曹操抓住了文醜貪圖小利的弱點，成功地施展了「以利誘敵」的計策，大獲全勝。

《孫子兵法．虛實篇》寫道：「善戰者，致人而不致於人。能使敵人自至者，利之也；能使敵人不得至者，害之也。」其意思是：「善於指揮作戰的人，能夠把敵人調動起來而不是被敵人所調動。能使敵人自己來的，是以小利引誘了他們；使敵人不能前來的，是牽制妨害了敵人。」

以利誘敵所指的就是，對於貪利的敵人，要用小利去引誘他。

春秋戰國時期，楚國發兵攻打絞國，強大的楚軍數方人馬很快兵臨城下，氣勢如虹，絞國自知出城迎戰凶多吉少，於是堅守城池不出。

絞城地勢險要，易守難攻，楚軍的多次強攻都被擊退，兩軍相持一個多月。楚國大夫屈瑕仔細分析了敵我雙方的情況後，認為絞城只可智取，不可強攻。他對楚王說：「攻城不下，不如利而誘之。」隨後，他提出了具體的「利誘」方案：趁絞城被圍月餘，城中缺少薪柴之時，派些士兵裝扮成樵夫上山打柴運回來，敵軍一定會出城劫奪柴草。可以在開始的幾天裡，讓他們得一些小利，等他們麻痹大意了，大批士兵出城劫奪柴草之時，先設伏兵斷其後路，然後聚而殲之，乘勢奪城。

楚王認為有理，便依計而行，命一些士兵裝扮成樵夫上山打柴。果然，絞侯聽探子報告有挑夫進山，並得知他們並無楚軍保護，便立即安排人馬出城去襲擊樵夫，並小有收穫。這樣幾天下來，絞國的收穫相當可觀。

絞侯看到輕易得到的好處，越來越麻痹，絞國士兵出城劫奪柴草的人數也越來越多。楚王見敵人已經上鉤，便決定迅速收網。

第六天，大量絞國士兵像往常一樣出城劫掠，樵夫們見絞軍又來劫掠，急忙逃奔，絞國士兵緊緊追趕，不知不覺便被引入了楚軍的埋伏圈內。不一會兒，只見伏兵四起，殺聲震天，絞國士兵哪裡抵擋得住，慌忙敗退，又遇伏兵斷了歸路，死傷無數。楚王此時趁機攻城，絞侯自知中計，已無力抵抗，只得投降。

絞國因貪圖小利，不知不覺中踏進了敵人設下的圈套，付出了亡國的代價。

「以利誘之」也能從另一個角度給我們啓示，就是當我們做事時，如果能夠「投其所好」，那麼遇到的阻力就會小得多，事情也會很容易辦成。

二十世紀初，美孚石油公司為了打入中國市場，沒有直接採用銷售產品的辦法，而是給每戶居民贈送了一盞嶄新的煤油燈和兩斤煤油。煤油燈當然比豆油燈要亮得多，而且還是免費的，所以一時間，家家都用上了煤油燈。

然而，免費贈送的煤油很快就會用完，但已經體會到煤油燈優點的中國人捨不得放著那盞漂亮的燈不用，同時也實在不願繼續使用昏暗的小豆油燈，於是只好去買美孚公司的煤油。就這樣，美孚公司順利打開了中國市場。

美孚公司懂得揣摩人心，能夠抓住人們的心理弱點，因此順利進入中國市場。我們做事也是一樣的道理，有投資才有收穫，有付出才有回報。

有位大富翁建了新居，富麗堂皇。為了讓新居更具文化氣息，這個富翁想讓鄭板橋給自己畫幾幅畫掛在家中。然而眾所周知的是，鄭板橋恃才傲物，更鄙視權貴，被他拒之門外的達官顯貴不計其數。

富翁不想吃閉門羹，經過苦思冥想，心生一計。他首先派人四處打探鄭板橋的生活習慣和各種愛好，得知鄭板橋酷愛吃狗肉後，心裡就有了主意。

這一天，鄭板橋外出散步，忽然聽見遠處傳來悠揚的琴聲，好奇之下便循聲而去，結果發現琴聲出自一座宅院。院門虛掩，鄭板橋推門而入，眼前的情景讓他大感驚訝：庭院內修竹疊翠、奇石林立，竹林內一位老者鶴髮童顏，銀髯飄逸，正在撫琴演奏。

老者看見他，立即停止演奏。鄭板橋見自己壞了別人的興致，有點不好意思。老者卻毫不在意，熱情邀他入座，兩人談詩論琴，頗為投機。

談興正濃時，突然飄來一股濃烈的狗肉香，鄭板橋的口水都快要流下來了。

不一會兒，只見一個僕人捧著一壺酒，還有一大盆爛熟的狗肉，送到他們面前。一見狗肉，鄭板橋的眼睛就轉不動了，老者剛說個「請」字，鄭板橋連客套話都沒說，就急忙上前大快朵頤起來。

酒足飯飽之後，鄭板橋才發現自己居然連對方的尊姓大名都還不知道，就糊裡糊塗地大吃了一通。他感覺無以為報，便對老者說：

「今天能與您老邂逅，實在是幸會，感謝您的熱情款待，我無以為報，請您找些紙筆，我畫幾筆，也算留個紀念吧。」

老者聽後甚是驚喜，說道：「老夫平生最喜歡琴棋書畫，今天可算遇上知己了。」

畫完之後，鄭板橋問了老先生姓名，並寫了落款，這才告辭離去。

第二天，鄭板橋的這幾幅字畫不出意外地出現在了大富翁的客廳裡，他還請來賓客共同欣賞。消息傳開後，鄭板橋才意識到自己中了別人的圈套。

俗話說，吃人家的嘴短，拿人家的手軟。一旦得了別人的好處，就不好意思再拒絕別人的請求了。這也體現了以利誘之，先予之後取之的道理。

5 不敵其力而消其勢

「三十六計」中有這樣一句話：「不敵其力，而消其勢，兌下乾上之象。」不錯，運用智慧和計謀造成敵人陣營人才的流失和分化，就等於自己力量的增強。曹操作爲一代亂世梟雄，怎會不深諳此道？

不與敵人正面交鋒，而採取側面迂迴的方法消滅敵方勢力，從根本上解決問題，正所謂窮追於後不如阻截於前，揚湯止沸不如釜底抽薪，曹操就是精通此道的高手，從他到袁紹和劉備那裡「挖牆腳」就能看出這一點。

郭嘉原為袁紹賓客，聰明絕頂，才策謀略他人罕及，袁紹非常看重他。但郭嘉在和袁紹相處數十日後，便對袁紹的謀臣辛毗、郭圖表示：「奉獻心智替別人做事的人，最要緊的是懂得選擇主人，選對主人後，才能全力以赴，建立功名。袁公雖禮賢下士，卻不懂得用人及驅使人的要領，好使謀略卻不懂得當機立斷，這樣的領袖在亂世中很難獲得成功，即使想雄霸一方都不太容易。我打算立刻離開這裡，去尋找真正值得我扶助的主人。」

辛毗和郭圖表示：「袁氏四世三公，有恩德於天下，早獲得北方各州鎮大小軍團的擁戴，是當今首席雄主，除了他，還有誰稱得上是值得扶助的主人呢？你到底想去哪裡啊？」

郭嘉知道郭圖等無法領會他言中的深意，於是單獨離去。

經荀攸介紹，曹操在與郭嘉共論當前天下大勢後，非常高興地表示：「他日幫助我成功、立大業的，就是這個人了。」

郭嘉雖然不是曹操親自「挖」來的，可如果他疑神疑鬼，懷疑郭嘉是袁紹派來的間諜，恐怕郭嘉遲早會離他而去。難怪郭嘉在見到曹操以後，也很高興地對別人說：「這才是真正值得我扶助的主人呢！」

同郭嘉相比，徐庶可算是曹操用心良苦，從劉備那裡精心「挖掘」過來的。

曹操從虎牢關認識劉備，到煮酒論英雄，一直認為劉備是位英雄，但並不可能成為自己日後的對手。因為劉備雖然是皇親國戚，卻一直沒有自己固定的根據地，常常寄人籬下，他先後依附公孫瓚、陶謙，還依附了曹操，後來又投奔了袁紹、劉表等人，四處流浪，一副狼狽相。

當時，劉備手下只有關羽、張飛、趙雲等幾員猛將，力量十分單薄。就連劉備自己也認為，要實現自己的抱負，建功立業，必須訪尋賢人，以仁義去獲取天下，而現在的自己卻是捉襟見肘，大業難圖。

如此這般，一向重視「天下智」的曹操當然不會把人才匱乏的劉備當一回事，因為劉備手中無人。不然，以曹操的個性，又怎麼會在青梅煮酒後，輕易被劉備麻痹，放走了這位未來的巴蜀之王呢？

等到劉備在新野得到徐庶的輔佐後，曹操才真實地感受到問題的嚴重性。

徐庶是劉備招攬到的第一個高智商賢才。劉備得到徐庶的幫助後，先是指揮幾千人的軍馬挫敗了呂曠、呂翔的進攻，並計斬二將，後又挫敗了曹仁、李典率領的兩萬大軍。

當曹操得知是徐庶為劉備謀劃了這次勝利後，一心想把徐庶招為己用。於是，他與謀士程昱商議，設計用徐母誆騙徐庶，使徐庶離劉歸曹。

操（問程昱）曰：「徐庶之才，比君何如？」昱曰：「十倍於昱。」操曰：「惜乎賢士歸於劉備！羽翼成矣！奈何？」昱曰：「徐庶雖在彼，丞相要用，召來不難。」操曰：「安得彼來歸？」昱曰：「徐庶為人至孝。幼喪其父，止有老母在堂。現今其弟徐康已亡，老母無人侍養。丞相可使人賺其母至許昌，令作書召其子，則徐庶必至矣。」

操大喜，使人星夜前去取徐庶母……

曹操請來徐母，好言相勸，甚至不惜誣衊劉備，說劉備是「沛郡小輩，妄稱『皇叔』，全無信義，所謂外君子而內小人者也」。可惜的是，徐庶是個高智商的能人，他的母親也不是什麼泛泛之輩，一眼就看穿了曹操的計策。

羅貫中在《三國演義》中對此有詳細描述：

徐母厲聲曰：「汝何虛誑之甚也！吾久聞玄德乃中山靖王之後，孝景皇帝閣下玄孫，屈身下士，恭己待人，仁聲素著，世之黃童、白叟、牧子、樵夫皆知其名，真當世之英雄也。吾兒輔之，得其主矣。汝雖託名漢相，實為漢賊。乃反以玄德為逆臣，欲使吾兒背明投暗，豈不自恥乎！」言訖，取石硯便打曹操。

曹操大怒，令武士斬殺徐母，幸虧程昱急忙阻止。

程昱說：「徐母觸忤丞相，就是要求死。丞相如果殺了她，就會招來不義之名，而成全了徐母的高尚品德。徐母要是死了，徐庶必定死心幫助劉備來報仇。不如留著她，使徐庶身心兩處，這樣，就算他幫劉備出謀劃策，也不會盡全力。再說，留得徐母在，我自有辦法把徐庶招來這裡輔助丞相。」

聽罷，曹操便將徐母送於別室養了起來。程昱經常去探望，並詐稱自己曾與徐庶結為兄弟，徐母就是自己的母親，自己會好好服侍。他還時常饋送些物品給徐母，並隨附一些簡單的慰問信。徐母是個講禮儀的人，自然也要寫些手啟表示感謝。程昱因此賺得徐母筆跡，於是仿造徐母字體，詐修家書一封，差一個心腹，持書徑奔新野縣，詢問徐庶的營帳。

徐庶是個孝子，聽說母親寫了家書送來，急忙找來送信人。等看完書信，徐庶已是淚如泉湧。他拿著書信去見劉備，向劉備告辭：「我跟將軍共建霸主大業，全靠此方寸之地。而今母親失蹤，方寸已亂，留在這裡，對你沒有幫助，請允許我從此別去。」劉備無奈，只得允許，徐庶於是投奔曹操，並答應劉備，雖然身在曹營，但勢必不向曹操獻上一計一謀為其所用。

曹操得徐庶，雖然終身不爲其用，但曹操對人才的重視和籠絡可見一斑。從戰術上講，曹操用的這招是釜底抽薪。曹操沒有讓自己的人馬親自上陣，而是用外部力量——徐庶的母親肢解對手的有機組合，使其結構發生質變，劉備因此失去了一個關鍵性的人才，這樣，曹操原來面臨的強大障礙也就不復存在了。

像曹操這種以消滅對手的勢力，剪除對手的左膀右臂來控制敵我之勢的手段，就是「不敵其力，而消其勢」。

而從另一方面來講，「身在曹營心在漢」的徐庶，雖然「一言不發」，但作爲曹操禮賢下士的幌子，畢竟也算一用吧。並且，徐庶既不能爲劉備出謀劃策，就等於劉備少了一個助手，敵人陣營裡的人才流失和人員分化，就等於自己力量的增強，這也算是徐庶對曹操的貢獻了。

人才的重要地位和作用，在治國治軍中都是舉足輕重的。誰得到了人才，誰就掌握了競爭的優勢。不管是挖牆腳也好，引發爭端也罷，總之，逐步消除對方的人才控制力，在對方陣營中製造混亂，就等於削弱了對方的實力。

6 敵人的敵人就是朋友

中國歷史大勢，被人形容爲「分久必合，合久必分」，分分合合，統一是大趨勢。統一的手段離不開暴力鬥爭，鬥爭的對象往往不止一個。每次大統一，統一者都必須成功地瓦解敵對者的聯盟，把敵對者的朋友變成敵對者的敵人，從而成爲自己的朋友。

赤壁之戰兵敗後，曹操退回北方。雖然在給孫權的信中表示了對赤壁之敗的不服氣，但實際上他還是認真總結了經驗教訓。特別是從戰略角度說，他對孫劉聯盟有了相當深刻的認識。

赤壁之戰後，孫權履行了盟約，借荊州給劉備。消息傳到北方，驚得曹操失魂落魄，「方作書，落筆於地」。

曹操認為，如此一來，孫劉之間的聯盟必然會進一步加強，變得更加不好對付。為了對付這兩個較強的敵人，曹操準備將他們拆散。他不僅在武力上防禦、軍事上進攻，同時還做了一些拉攏及分化瓦解的工作。

他所使用的第一個手段就是，在建安十四年（西元二〇九年），也就是赤壁之戰的第二年，派九江人蔣幹前往江陵，企圖說服周瑜歸於自己部下。

蔣幹字子翼，其人一表人才，能言善辯，在江淮間稱得上是一個有頭有臉的人物。蔣幹接到指令後，布衣葛巾，假託有私事前往江陵。周瑜早知道他的來意，一見面就說：「子翼，您太辛苦了，遠涉江湖，是來替曹操做說客的吧？」

蔣幹猝不及防，只得辯解說：「我同足下是同鄉，分別了這麼長時間，聽說足下建了大功，所以特來敘舊，並學習一下治軍的良規，怎能懷疑我是說客呢？」

周瑜笑著說：「我雖然不像夔和師曠那樣聰靈，但聽弦賞音，還是能夠知道雅意的。」

後來，周瑜設宴款待了蔣幹，並請蔣幹參觀了軍營、倉庫、軍資、器仗等。參觀完畢，又設宴款待，在席間還拿出服飾珍玩之類的東西給他欣賞，但就是閉口不提軍事方面的事。

最後，周瑜明確表態說：「大丈夫處世，外托君臣之義，內結骨肉之恩，言聽計從，禍福與共。在這種情況下，即使蘇秦、張儀再生，酈食其復出，也不可能說動我，這又哪是足下所能做得到的呢？」

蔣幹聽了無話可說。回去後，蔣幹對曹操說，周瑜氣度恢宏，品格高尚，不是言辭所能離間的。曹操聽了，只能無奈地放棄招降周瑜的念頭。

兩年後，曹操又用了另一種手段。建安十六年（西元二一一年）冬，曹操又讓阮瑀代筆，給孫權寫了一封信。信的大致意思就是，想把自己弟弟的女兒許配給孫策的小弟孫匡，讓兒子曹彰娶孫權的堂弟孫賁之女為妻。

曹操指責孫權拋棄了兩人從前的交情，他說這是受小人劉備挑撥、煽動所造成的結果。最後，他希望繼續恢復他們以前的友好關係，這樣，他就可以使孫權享受高官顯爵、擔任治理江南的重任。

曹操軟硬兼施，其目的只有一個：拉攏孫權，分化孫劉聯盟。在這期間，他又用了第三種手段：讓阮瑀代筆，給劉備寫了一封信，今尚存兩句：「披懷解帶，投分托意。」意思就是開懷相見，以此能夠表達自己的心意。信中內容大概也與給孫權的信差不多。

此外，他還給諸葛亮寫了一封信，如今也只存有兩句：「今奉雞舌香五斤，以表微意。」雞舌香，也就是丁香，能治口臭。給劉備寫信，給諸葛亮送東西，其目的很單純，同樣是進行拉攏，促使孫、劉二人散夥。

曹操意識到了孫、劉聯盟對自己的威脅程度，而赤壁之戰也給了他很大的教訓，這可使他不再犯同樣的錯誤，使他以後的戰略、戰術變得更加成熟、完善。

敵人的敵人是朋友，這個道理也許不難懂，但做起來就難了。因為敵人的敵人跟你可能也是敵對的，你跟他成了朋友，聯手消滅了敵人，他再把你打垮了，那不弄巧成拙了嗎？歷史上這樣的例子並不鮮見，最具代表性的莫過於北宋、南宋之亡了。

北宋與遼乃世仇，經常受遼的欺負，割地賠款，納幣輸金，心裡暗恨，卻無力反抗。遼的屬國女真興起，建立金朝，金興兵反遼，約宋一起出兵，宋自是大喜過望。於是，金、宋南北夾擊，滅掉遼國。可北宋的腐朽與無能全部暴露在了金朝眼皮底下。滅遼後，金兵大舉伐宋，北宋滅亡。宋室餘脈倉皇南渡，建立了偏安小朝廷——南宋。

南宋受到金的壓迫，日子過得比北宋更慘，失去更多的土地、獻出更多的金帛不算，還要對金稱臣，這不啻於奇恥大辱。南宋也反抗了幾次，無奈實力與金相差太遠，只好強裝笑臉曲意逢迎。直到一代天驕成吉思汗崛起於漠北，大舉伐金，南宋才算出了口惡氣。

金在蒙軍鐵騎的打擊下，雖喪權失地，一敗再敗，但百足之蟲死而不僵，一時半刻還滅不了。於是，蒙軍約南宋一起伐金，南宋不假思索便一口應承。金主得到消息後，給南宋寫了一封信，闡述「唇亡齒寒」之理，南宋如何聽得進去？於是，南宋聯蒙滅金，最終也重蹈了北宋滅亡的覆轍。

兩宋之亡，在於沒有正確分析敵情我情。遼、金的實力在兩宋之上，而金、蒙的實力又分別在遼、金之上。兩宋聯合比自己強大的敵人，無異於爲虎作倀，焉能不亡？

秦滅六國，用范睢「遠交近攻」之法，安撫強敵，滅掉弱小，或聯合弱小先滅強敵，最終一統天下，這才是運用「敵人的敵人是朋友」這一策略的最高境界。曹操無疑是達到了這一境界。

袁、呂結盟時，爲了對抗他們，曹操選擇先拉攏呂布，一方面是因爲呂布有勇無謀，另一方面是由於曹操看到他力量弱小，好爭取，這才有了袁、呂後來的敗亡；爲了收定河北，曹操利用袁尙、袁譚兄弟的矛盾，拉攏實力較弱的袁譚，最終消滅了袁氏的殘餘勢力，統一北方；赤壁之戰時，曹操的失敗在於背離了他自己一貫重視的正確戰略，其中就包括沒有團結一個敵人打擊另一個敵人；赤壁之戰後，曹操接受教訓，重新拾起了屢試不爽的法寶，這才有了平定關隴、收據漢中之功，並在襄樊大戰中取得了輝煌的勝利。

「敵人的敵人是朋友」，但只是暫時的朋友。當共同的對手被消滅後，原來的朋友也就成了敵人。所以，選擇誰做「朋友」是至關重要的。曹操在這一點上看得清、選得準，顯出了過人的智慧。

—第七章—

靈活變通，見機行事收效大

在漫長的人生旅途中，每個人都會面對變化，都要選擇變化，並學會正確地處理變化。靈活變通是天地間最大的智慧，為人處世有時不按照常規出牌，恰能妙招頻出，讓一切難題迎刃而解。

1 殺人和獻刀本是一個姿勢

人活於世，難免會遇到各種各樣的考驗。越是面對複雜的環境、危急的事態，越需要機智靈活地應對，因爲一個失當的舉措就很有可能造成成王敗寇、生死攸關的不良後果。

東漢末年，涼州的軍閥董卓專權朝政，他廢黜少帝，殺何太后，立陳留王劉協為漢獻帝，乙太師之位獨攬軍政大權，地位在諸侯王之上，車服儀飾擬於天子。「上欺天子，下壓君臣」的評價用在董卓身上再切合不過。董卓一家獨大，也註定他會成為眾矢之的。

司徒王允謊稱自己生日，召集一群漢朝舊臣商議除董大計。此時曹操在政治舞臺上剛剛嶄露頭角，所以也有幸參加了這次密會。說起董卓的惡行，想想將要覆滅的大漢天下和自己漆黑一片的前程，眾多文臣武將哭聲四起。

曹操看不過去，大笑道：「滿朝公卿，夜哭到明，明哭到夜，就能把董卓哭死了？」

大家停止哭泣，矛頭一致指向曹操：「如今董卓權傾天下，你又能如何呢？」

曹操表示：「近來我與董卓走得近，就是想找機會滅了他，聽說王司徒有七星寶刀一口，請借我一用，讓我以獻刀之名，趁機刺殺董賊。」

第二天，曹操佩帶寶刀，來到相府見董卓。董卓坐於床上，董卓的義子——三國第一猛將呂布在一旁充任保鏢。

曹操與董卓談得甚為投機，董卓得知曹操正缺一匹好馬騎乘，就讓呂布去挑一匹府中的西涼寶馬賜予曹操。呂布領命離去。董卓身體太胖，坐得累了，就背對曹操，倒在床上歇息。

曹操見機會來了，正掣刀準備動手刺殺董卓，不料董卓從床頭穿衣鏡中，看見曹操在背後拔刀，急急轉身喝問：「曹孟德，你要做什麼？」

曹操用餘光掃見呂布已經趕了回來，急忙穩住心神，雙手持刀，單膝跪地，一點不打磕絆地說：「現有寶刀一口，特來獻上。」

董卓接過刀一看，寒光閃耀，刀柄飾以七彩寶石，果然是把難得一見的好刀。正在把玩間，曹操提出要去試馬，董卓點頭答應。曹操牽馬出了相府，快馬加鞭，頭也不回地往東南而去。等董卓與呂布反應過來曹操形跡可疑時，曹操已經逃脫出城，再也追不回來了。

曹操本是一代梟雄，他刺殺董卓，期待的是一戰成名，加重自己進入政治舞臺的籌碼，而非如後世的仁人志士一般，知其不可而爲之，只想以自己的一腔熱血，來喚起世人的覺醒。他的目標是刺殺董卓，然後全身而退。

曹操一向以權謀機變著稱，臨危不懼找出路就是他的一項基本功。見事不妙，趕緊回頭，爲自己找條脫身之計是正道。對於那些身處險惡環境的政治人物，急中生智更應成爲本能。

古時候，有一個國家流行一個特別的習俗，就是在國王的宴席上，任何人都不可以翻動菜肴，只能吃上面的那部分菜。一次，有一個外國使者到訪，國王滿心歡喜招待這個使者。

宴會開始，侍者端來一盤蓋著香料的魚。豈料，這位使者把魚翻了過來。群臣看見，齊聲高喊：「稟陛下，您被侮辱了！您必須立即處死他！」

國王嘆口氣，對使者說：「你聽見了嗎？如果我不處死你，我就會受到臣民的嘲笑。不過，看在貴國和我國的友好關係上，你臨死前可以向我請求一件事，我一定會答應。」

使者想了想，對國王說：「既然如此，我就提出一個小小的請求！」國王說：

「好，除了給你生命，什麼要求我都能滿足你。」

使者對國王說：「我希望在死之前，讓每一個看見我翻轉那條魚的人都被挖去雙眼。」

國王大吃一驚，馬上發誓說自己什麼也沒看見，在國王旁邊的王后也為自己辯解說：「我可是什麼也沒看見！」大臣們面面相覷，然後一個個站起來，發誓說自己什麼都沒看見，大家都認為自己不該被挖去眼睛。

到最後，使者面帶微笑地站起來說：「既然沒人看見我翻動那條魚，就讓我們繼續吃飯吧！」使者憑藉機智救了自己一命，可見機智對於一個人來說是多麼重要。

每件事情的成敗都有很多主客觀因素影響，只有把握住最有利的條件和機會，選擇最恰當的方式，才能成功。事物處在不斷的變化之中，主客觀條件也是不斷變化的，只有能夠隨著時間、地點和機會的變化而靈活地做出不同選擇的人，才能把握住成功的主線。

在生活中，很多人就因缺乏機智，遇事不能隨機應變而造成了後來一連串的錯誤和失敗；也有些有才之人因缺乏「心智」而被浪費，至少是不能充分發揮其所長。審時度勢，以變取勝，在戰爭和政治角逐中是一條普遍的原則。現代社會險象叢生，瞬息萬變，沒有什麼東西是永恆不變的，只有適應不斷變化的外界環境，變在人先，才能在社會上獲得一席立足之地。人生之計，變則通，通則久，關鍵是你是否掌握了「變通」的真正意義。把變通作爲自己的習慣，以變應變，這是面對競爭社會的最佳態度。

正如諸葛亮所說：「因天之時，因地之勢，依人之利而所向無敵。」對於一個善於變通者來說，世界上不存在任何的困難，只是暫時沒有找到合適的解決辦法而已。

蕭伯納說：「聰明的人使自己適應世界，而不明智的人只會堅持要世界適應自己。」人生在世，每個人的自身條件都是不一樣的，遇到的困難也不盡相同，但有一點是一樣的，那就是懂不懂得隨機應變，將很大程度上決定其是否能夠取得成功。

2 臨危不亂，處變不驚

蘇洵在《心術》中寫道：「爲將之道，當先治心。泰山崩於前而色不變，麋鹿興於左而目不瞬。然後可以制利害，可以待敵。」此處，蘇洵對將領的要求是要有良好的心理素質，處變不驚，臨危不亂，不爲眼前利益所動。

普通人處事之道也是同樣的道理，面對危局時的態度是檢驗一個人水準的最佳試金石。

《魏書》記載，初平元年（西元一九〇年）正月，袁紹等人聯合出兵討伐董卓。曹操也在丹陽招募兵丁四千餘人參戰。

當部隊行進到龍亢時卻發生了兵變，並且突然有叛逆的士兵前去火燒曹操的帳篷。面對此危局及倉皇失措的衛士，曹操沉穀冷靜，敏銳決斷，手持利刃連殺數十人，終於鎮住了局面，穩住了局勢。

官渡之戰是曹袁之爭的關鍵之戰，曹操力排眾議，親率精兵奔襲烏巢。劫寨戰鬥激烈之時，袁紹援兵來到，形勢突變，勝敗只在一念之間。曹操的部下開始慌亂，急言操分兵抵擋。不料曹操勃然大怒，厲言喝道：「賊在背後，乃白！」意思是敵人到了背後再說。由於主帥意志堅定，身先士卒，不進則亡的信念鼓舞著部眾，全軍死心拼戰，以一當十，終將烏巢攻破，生擒主將酒鬼淳于瓊，為最後消滅袁紹奠定了基礎。

在正常情況下，人們在沒有巨大外部壓力時，通常能夠做出正確的決斷。但是，生活不會一直一帆風順，中間會經常出現各種各樣的情況乃至危局。在突然而至的變故面前，很多人會失去方寸，六神無主，進而做出錯誤的決定。所以，在危機面前，是臨危不亂、處變不驚，還是心神大亂、衝動行事，是判斷一個人是不是一流人物的重要標準。

尋常人面對棘手的問題時很容易方寸大亂，而曹操之類的一流人物則具備臨危不亂、從容不迫、泰然處之的本領，常常能在艱難困頓的局面下化險為夷。這種「泰山崩於前而不變色」的剛毅氣質使他能夠運籌帷幄，決勝千里。

三國時期，蜀國丞相諸葛亮因錯用馬謖而失掉戰略要地——街亭，魏將司馬懿乘勢率大軍十五萬向諸葛亮所在的西城蜂擁而來。當時，諸葛亮身邊沒有大將，只有一班文官，所帶領的五千人軍隊也有一半運糧草去了，只剩兩千五百名士兵駐在城裡。

眾人聽到司馬懿帶兵前來，都大驚失色。諸葛亮登城樓觀望後，對眾人說：「大家不要驚慌，我略用計策，便可教司馬懿退兵。」

諸葛亮傳令，把所有的旌旗都藏起來，士兵原地不動，如果有私自外出以及大聲喧嘩者，立即斬首。又叫士兵把四個城門打開，每個城門之上派二十名士兵扮成百姓模樣，灑水掃街。諸葛亮自己披上鶴氅，戴上高高的綸巾，領著兩個小書童，帶上一張琴，到城上望敵樓前憑欄坐下，燃起香，然後慢慢彈起琴來。

司馬懿的先頭部隊到達城下，見這種氣勢，都不敢輕易入城，急忙返回報告司馬懿。

司馬懿聽後，笑著說：「這怎麼可能呢？」於是令三軍停下，自己飛馬前去觀看。離城不遠，果然看見諸葛亮端坐在城樓上，笑容可掬，正在焚香彈琴。左面一個書童，手捧寶劍；右面也有一個書童，手裡拿著拂塵。城門裡外，二十多個百姓模樣的人在低頭灑掃，旁若無人。

司馬懿看後，疑惑不已，來到中軍，令後軍充作前軍、前軍作後軍撤退。他的次子司馬昭說：「莫非是諸葛亮家中無兵，所以故意弄出這個樣子來？父親您為什麼要退兵呢？」

司馬懿說：「諸葛亮一生謹慎，不曾冒險。現在城門大開，裡面必有埋伏，我軍如果進去，必會中他們的計，還是快快撤退吧！」於是各路兵馬都退了回去。

事後，諸葛亮的士兵問道：「司馬懿乃魏之名將，今統十五萬精兵到此，見了丞相，便速退去，何也？」

諸葛亮說：「兵法云，知己知彼，方可百戰不殆，如果是司馬昭和曹操的話，我是絕對不敢實施此計的。」

這就是歷史上著名的「空城計」，敢於如此去做的也只有臨危不亂、處變不驚的諸葛亮了。後人更是據此編了一條歇後語：諸葛亮彈琴退仲達——臨危不亂。

所以，即使是在形勢岌岌可危時，只要有臨危不亂、力挽狂瀾的信心與勇氣，只要能夠不受外界干擾正確思考，抱定必勝的信念，就能激發出自身內在的潛力來攻克難關，進而使看似不可收拾的事態盡在自己掌控之中。

那些面對困境能夠臨危不亂並做出正確決斷的人，大都願意將人生中那些看似錯誤或痛苦的經驗視爲最寶貴的人生財富。他們堅信：成大事源於正確的決策，正確的決策源於正確的判斷，正確的判斷源於平時的處事經驗，而經驗就來自日常的實踐。成大事者之所以會有不俗的成就，就在於他們的智慧與膽識使他們能夠排除錯誤之見。正確的判斷是一種需要經常訓練的素養，沒有正確的判斷，我們就會面臨很多的失敗和無數的危急關頭。在決定成敗的危急關頭，保持冷靜是非常重要的。因此，在遭遇危急的情況時，一定要臨危不亂，果斷處事，敢於承擔風險。

3 隨手一指，謀事在人

天下的計謀，有的可以事先策劃好，有的卻不能預先策劃好而要靠臨場發揮。在遇到危急情況時，有的人驚惶失措，有的人卻能臨危不懼、急中生智。曹操在面對危機時往往能處變不驚，給我們展現的是領導者所必備的一種堅定意志。

所謂計謀，在很多時候都是我們在事前的一廂情願，究竟事情是否能夠按照它的既定線索發展，誰都沒有把握。那種自詡爲智多星的人不是事後諸葛亮，就是僥倖說中。

一旦事情不如我們所預料的那樣，我們應該怎麼辦？套用說書人的一句詞是：「說時遲那時快……」在這千鈞一髮的時候，考驗的是我們的心理素質和自身的潛質。

三國時，諸葛亮出謀劃策時常是手拿鵝毛扇，三步一搖，兩步一吟，從容不迫；而曹操的謀略則給人迥然不同的感覺，就像是黑夜中突然閃爍的流星，又像是狂風中迎風展翅的雄鷹，有力度，也有速度。

曹操在濮陽之戰中，攻城心切，結果情急之中陷入了陳宮的「拋磚引玉」之謀。當他率部衝進城中時，發現城池四處烈火封門，東巷張遼，西巷臧霸，北門郝萌、曹性，南門高順、侯成一齊向陷入城中的曹操及其親隨殺來。

情急之中，曹操帶馬向東門衝去，迎面遇到張遼後，又轉向北門，北門受阻又去闖南門。就在他像沒頭蒼蠅似的亂闖之際，火光中只見呂布挺戟躍馬向他衝來。

曹操回頭一看，身邊的親將已不知什麼時候失散，只剩他一人。此刻他心想：我若與之交手，用不了一個回合就會被他斬殺。若奪路而逃，又哪及他的馬快？不如乘夜色混過去。於是收起寶劍，用袍袖掩住臉，催馬向呂布身側衝去。真是天不滅曹，曹操竟從呂布身邊蒙混而過。

當曹操正為自己方才的舉動暗自慶幸時，突然有人用戟敲著他的頭盔問：「曹操何在？」

曹操側臉一看，竟是呂布追了上來，隨手指著前方回答說：「前面那個騎黃馬的就是。」

當時正值夜半，人嘈馬雜，呂布尋曹操心切，未辨真偽，便順著曹操手指的方向去迎「曹操」而去。

就在曹操急得團團轉的時候，大將典韋及時趕來，護著曹操，衝出火陣的封鎖，成功逃脫。

遇到突發事件時，人們大多會產生驚慌情緒，但我們應該想辦法控制這種情緒，把自己培養成像曹操一樣穩如泰山、臨危不亂的人，決不能一有風吹草動，便舉止失措。

乾隆年間，紀曉嵐曾在軍機處做事。有一次，乾隆皇帝帶著幾個隨從突然來到軍機處，此刻的紀曉嵐正光著膀子和幾個辦事人員閒聊。

其他人一見皇帝來了，連忙上前接駕，只有高度近視的紀曉嵐沒有看出是乾隆皇帝走在後頭，忽見其他人在前邊接駕，不禁大吃一驚，心想：如果就這樣光著膀子接駕，豈不犯了褻瀆君王之罪？於是，他倉皇地鑽到桌子下面藏了起來。

其實，他的舉動早已被乾隆皇帝看在眼裡，乾隆卻佯裝不知，故意在凳子上坐了下來。

紀曉嵐在桌子底下縮成一團，大汗淋漓，卻不敢出聲。一個時辰過去了，紀曉嵐聽不到乾隆說話的聲音，以為他已經走了，就探出頭來低聲問其他人：「老頭子走了沒有？」

乾隆皇帝在一旁聽得清清楚楚，立刻板起臉，厲聲問道：「紀曉嵐，你見駕不接，我且不怪罪於你。你叫我『老頭子』是什麼意思？你要一個字一個字地給我講清楚，否則可別怪我問你的罪！」

紀曉嵐一聽，無可奈何地從桌子底下爬出來，穿上衣服，俯伏在地，連稱：「死罪！死罪！」接著慢條斯理地解釋道：「萬歲不要動怒，奴才所以稱您為『老頭子』，確是出於對您的尊敬。先說『老』字，『萬壽無疆』稱『老』，我主是當今有道明君，普天之下皆呼『萬歲』，因此稱您為『老』。」乾隆聽後，點了點頭。

紀曉嵐接著說：「『頂天立地』稱為『頭』，我主是當世偉大人物，是天下萬民之首，『首』，『頭』也，故此稱您為『頭』。」

乾隆皇帝邊聽邊瞇著眼睛笑，看得出來很是滿意。

紀曉嵐見狀，又不慌不忙地說道：「至於『子』字，意義更明顯。我主乃紫微星下凡，是天之驕子，因此天下臣民都稱您為天『子』。」紀曉嵐說到這裡，停了停，又說：「皇上，這就是我稱您為『老頭子』的原因。」

乾隆皇帝高興地點了點頭，不再追究他的罪過。

所謂「急中生智」，這種本能是學不來的。「兵聖」孫子說：「此兵家之勝，不可先傳也。」臨機應變，固然不可先前一一傳授，但唯有不慌亂、不急躁，才能靈機一動，想出妙計。

《菜根譚》上說：「忙處不亂性，須閒處心神養得清；死時不動心，須生時事物看得破。」這告訴人們，在忙碌的時候不要亂了自己的本性，需要平時的修心養神；即便是面對死亡也毫不畏懼，必須在日常生活和人際交往中看清事物的真相和規律。君子時常以平常的心態等待命運的安排，但絕對不是聽天由命不做任何努力，而是用平靜的心態去面對現實生活中的一切。

4 目的一個，手段要多

常言道：「條條道路通羅馬。」也就是說，同一個目標，許多途徑都可以達到。用曹操的話講就是：目的一個，手段要多。

董承家奴慶童與董承侍妾有染，董承發現後欲殺之，夫人勸免其死，各人杖責四十，鎖於冷房。慶童由此懷恨在心，連夜跳牆而出，徑入曹操府中，告有機密事，曹操喚其入密室相問。

慶童道：「王子服、吳子蘭、種輯、吳碩、馬騰五人在家主府中商議機密，必然是謀丞相。家主將出白絹一段，不知寫著什麼。近日，吉平咬指為誓，我也曾見。」慶童藏於曹操府中，董承只以為其已逃往他方，不再追尋。

次日，曹操詐患頭風，召吉平用藥。吉平自思道：「此賊合休！」暗藏毒藥入府。曹操臥於床上，令平下藥。吉平道：「此病可一服即癒。」教取藥罐，當面煎之。藥已半乾，平已暗下毒藥，親自送上。

操知有毒，故意遲延不服。吉平道：「乘熱服之，少汗即癒。」

曹操起來道：「汝既讀儒書，必知禮義。君有疾飲藥，臣先嘗之；父有疾飲藥，子先嘗之。汝為我心腹之人，何不先嘗而後進？」吉平道：「藥以治病，何用人嘗？」吉平知事已泄，縱步向前，扯住操耳而灌之。操推藥潑地，磚皆迸裂。

曹操未及言，左右已將吉平拿下。曹操道：「吾豈有疾，特試汝耳！汝果有害我之心！」遂喚二十個精壯獄卒執平至後園拷問。

曹操坐於亭上，將吉平縛倒於地。吉平面不改色，略無懼怯。曹操笑道：「量汝是個醫人，安敢下毒害我？必有人唆使你來。你說出那人，我便饒你。」

吉平叱之道：「汝乃欺君罔上之賊，天下皆欲殺汝，豈獨我乎！」曹操再三逼問，吉平怒道：「我自欲殺汝，安有人使我來？今事不成，惟死而已！」

曹操大怒，教獄卒痛打吉平。打了兩個時辰，吉平全身皮開肉裂，血流滿階。曹操恐打死吉平，無可對證，便令獄卒將其揪去靜處，權且將息。

之後，曹操傳令次日設宴，請眾大臣飲酒，惟董承託病不來。王子服等皆恐曹操生疑，只得俱至。曹操於後堂設席，酒行數巡，道：「筵中無可為樂，我有一人，可為眾官醒酒。」教二十個獄卒：「與吾牽來！」

須臾，只見一長枷釘著吉平，拖至階下。曹操道：「眾官不知，此人連結惡黨，欲反背朝廷，謀害曹某；今日天敗，請聽口詞。」曹操教先打一頓，昏絕於地，以水噴面。

吉平蘇醒，睜目切齒而罵道：「操賊！不殺我，更待何時！」

曹操道：「同謀者先有六人，與汝共七人耶？」

吉平只是大罵。王子服等四人面面相覷，如坐針氈。曹操教一面打，一面噴。吉平並無求饒之意，曹操見其不招，且教牽去。

眾官席散，曹操只留王子服等四人夜宴。四人魂不附體，只得留待。曹操道：「本不相留，怎奈有事相問。汝四人不知與董承商議何事？」

王子服道：「並未商議甚事。」

曹操道：「白絹中寫著何事？」王子服等皆隱諱，操教喚出慶童對證。

王子服道：「汝於何處見來？」

慶童道：「你回避了眾人，六人在一處畫字，如何賴得？」

王子服道：「此賊與國舅侍妾通姦，被責誣主，不可聽也。」

曹操道：「吉平下毒，非董承所使而誰？」王子服等皆言不知。

曹操道：「今晚自首，尚猶可恕；若待事發，其實難容！」王子服等皆言並無此事，曹操叱左右將四人拿住監禁。

次日，曹操帶領眾人徑投董承家探病，董承只得出迎。

曹操道：「緣何夜來不赴宴？」

董承道：「微疾未痊，不敢輕出。」

曹操道：「此是憂國家病耳。」董承愕然。

曹操道：「國舅知吉平事乎？」

董承道：「不知。」

曹操冷笑道：「國舅如何不知？」喚左右：「牽來與國舅起病。」董承舉措無地。

須臾，二十獄卒推吉平至階下。

吉平大罵：「曹操逆賊！」

曹操指謂董承道：「此人曾攀下王子服等四人，吾已拿下廷尉。尚有一人，未曾捉獲。」因問吉平道：「誰使汝來藥我？可速招出！」

吉平道：「天使我來殺逆賊！」曹操大怒教打。一時間，吉平身上無容刑之處。

董承在座視之，心如刀割。

曹操又問吉平道：「你原有十指，今如何只有九指？」

吉平道：「嚼以為誓，誓殺國賊！」

曹操教取刀來，就階下截去其九指，道：「一髮截了，教你為誓！」

吉平道：「尚有口可以吞賊，有舌可以罵賊！」曹操令割其舌。

吉平道：「且勿動手，吾今熬刑不過，只得供招，可釋吾縛。」

曹操道：「釋之何礙？」遂命解其縛。

吉平起身望闕拜道：「臣不能為國家除賊，乃天數也！」拜畢，撞階而死。

曹操見吉平已死，教左右牽過慶童至面前。

曹操道：「國舅認得此人否？」

董承大怒道：「逃奴在此，即當誅之！」

曹操道：「他首告謀反，今來對證，誰敢誅之？」

董承道：「丞相何故聽逃奴一面之說？」

曹操道：「王子服等吾已擒下，皆招證明白，汝尚抵賴乎？」即喚左右拿下，命從人直入董承臥房內，搜出衣帶詔並義狀。

曹操看了，笑道：「鼠輩安敢如此！」遂命：「將董承全家良賤，盡皆監禁，休教走脫一個。」

曹操不僅奸詐，而且疑心特別重。爲了除掉朝中異己，他抓住吉平這條線索，用宴會、質問、搜家等形式，探出反對自己的朝中黨羽，其前後過程可謂機關算盡。

曹操知道，在朝中，只要他擁有謀殺之證，就完全可以將對立派拉下馬來。但在查明、取證中也存在著一個棘手的問題，即如何探知別人的底細。爲了解決這一問題，曹操在宴會中以驚恐之態來判斷，（其手法為先打草後驚蛇的伎倆）逼迫董承就範。就這樣，曹操用一驚一乍的伎倆揪出了謀害自己的集團。可見，打草見大蛇，使詐有奇效。

雖然上述故事顯示了曹操陰毒的一面，但事物皆有兩面性，不能因爲曹操陰險就忽略了這種「目的只有一個，手段可以很多」的做法。在某些場合，這種對策不失爲一種上上之策。

比如，在激烈的商業競爭中，爲了摸清競爭對手的真實情況，我們需要打破常規交流，採取不同的手段來探知對方的「老底」。另外，當我們也採用不同的手段來迂迴或者婉轉地向上級領導提出不同的意見時，或許會更容易達到目的。

春秋時期的晉國，晉靈公即位不久便大興土木，修築宮台樓閣，以供自己和嬪妃們尋歡作樂。

有一次，他突發奇想，要建造一座九層高的樓臺。可在當時的條件下，修築如此宏大的工程需要耗費大量的人力、物力，這無疑會給老百姓帶來沉重的負擔，也會進一步削弱國力，因此，舉國上下皆反對。

但晉靈公就是不肯罷手，並且在上朝的時候對大臣說：「敢有勸阻建樓臺者，立即斬首！」一些明哲保身的大臣都噤若寒蟬，不敢作聲。

有一天，一個叫荀息的大夫求見。晉靈公以為他是來勸諫的，便命手下人拉弓引箭，只要荀息開口勸說，就馬上放箭射死他。

荀息進來後，表現得非常輕鬆自然，他笑嘻嘻地對晉靈公說：「大王，我今天特地來表演一套絕技給您看，讓大家開心開心，不知道大王有沒有這個興趣呢？」

晉靈公一聽，連忙問道：「是什麼絕技？快表演給我看看！」

荀息見晉靈公「上鉤」了，便說：「大王，我可以把九個棋子一個一個疊起來，然後再在上面放九個雞蛋。」

晉靈公一聽，覺得很新鮮，就急忙說：「我從沒有聽說過，也從來沒見過這種事，今天就請你給我擺擺看！」

晉靈公叫人拿來棋子和雞蛋，荀息便動手擺了起來。他先是將九個棋子小心翼翼地堆起來，然後又慢慢地將雞蛋放置在棋子上。

只見他先是放上一個雞蛋，然後又放第二個、第三個……這時，大廳裡的氣氛非常緊張，圍觀的大臣們全都屏住了呼吸，生怕荀息一不小心將雞蛋打破。

晉靈公看到這樣的情景，禁不住大叫出來：「這太危險了！這太危險了！」

晉靈公剛說完，荀息就從容不迫地說：「大王，我倒是不覺得這有什麼危險，還有比這更危險的呢！」

晉靈公覺得奇怪，便迫不及待地說：「是嗎？那你快表演給我看！」

這時，荀息一字一句、非常沉痛地說：「九層之台，造了三年，還沒有完工。而這三年的時間裡，男子不能在田地裡耕種，女子不能在家裡紡織，全都在工地上搬運木頭、石塊。國庫裡的金銀也快用光了，士兵們得不到給養，沒有金屬鑄造武器，而鄰國正在計畫乘機侵略我們。這樣下去，國家很快就要滅亡了。到那時，大王將怎麼辦？這難道不比壘雞蛋危險得多嗎？」

晉靈公聽到這可怕的警告，不由得嚇出一身冷汗，這才意識到自己幹了一件多麼荒唐、危險的事，當下便對荀息說：「建造九層之台，是我的過錯啊！」於是立即下令停止修造。

古語說「伴君如伴虎」，稍有一句話不慎，就可能人頭落地，性命不保。荀息深知此意，並沒有犯顏直諫，而是用了一點小手段，引晉靈公入局，從反面指出他的過錯，令他警醒。現代人際交往中，雖然不會存在這種危險的境況，但是當你耿直的秉性受阻的時候，不要一味堅守，而應該學會變通，巧妙地從另一個角度入手，這是爲人處世的上策。

當然，這不僅僅局限於爲人處世上，跳出這個思維後，你會發現，這個智慧其實包含了一個很深刻的哲理，它能延伸出很多事情。比如，在明確一個目標之後，我們要做的一件很重要的事，就是選取通往目標的路。

我們應該清醒地認識到，通往成功的路往往不是一以貫之的「單行道」，而是岔路疊生、錯綜複雜的「迷宮」。只有充分發揮自己的能動性，不斷地用探索「截彎取直」，才能以最短途的走法走向終點。

5 深諳世事，學會變通

曹操是亂臣賊子一說，似乎是歷史定論，就連京劇舞臺上，曹操也被演繹成了奸臣，高唱：「世人罵我奸，我笑世人偏。爲人少機變，富貴怎雙全？」

仔細想想，這句話的確有些味道。

世人口中的「奸雄」，京劇裡的白臉，《三國演義》中的無數故事都把曹操說成是奸詐的國賊。正所謂「功首罪魁非兩人，遺臭流芳本一身」，好像這才是對曹操公正的評價。但是，他所宣稱的「如國家無孤一人，真不知幾人稱帝幾人稱王」的直率坦言，又不能不使人重新認識曹操。

其實，曹操一開始並沒有想過要做挾天子以令諸侯的亂臣賊子，而是想做一個經世報國的能臣。曹操二十歲被舉為孝廉，擔任郎官，不久就被授予洛陽北部尉的官職，負責洛陽的治安工作。

為了徹底整頓洛陽的不良風氣，也為了立威，曹操不惜得罪權貴，打殺了違反禁令的宦官蹇碩的叔叔。

後來，曹操在《讓縣自明本志令》中這樣說：「孤始舉孝廉，年少，自以為本非岩穴知名之士，恐為海內人之所見凡愚。欲為一郡守，好作政教，以建立名譽，使世士明知之。」這段話的大致意思是：自己年紀輕，沒有資本，為了證明自己有能力做一個好官，就得做出點大事來，讓人們知道自己的名聲和能力。由此可見，曹操的初衷是想做個好官。

其實，據當時的情況，曹操的能臣之路根本走不通。曹操入仕時是靈帝熹平三年（西元一七四年），這個時候是東漢最為昏暗、混亂的年代，宦官當道、奸臣橫行、外戚專權、軍閥稱雄、貪官撈錢，吏治極其腐敗，買官賣官現象非常嚴重，朝廷賣官明碼標價、公開招標。做官就是一種買賣，哪怕是朝廷任命的官員，也要交公開價碼的一半。

這些錢當然不會由當官者自己掏腰包，全都是從老百姓那裡盤剝來的。有個叫司馬直的人，為人正直，被朝廷任命為太守，剛剛上任，就要他交錢，司馬直為官清廉，拿不出這麼多錢，最後減免了三百萬錢，還要交七百萬錢。司馬直感嘆說：「為民父母，還要盤剝他們，於心何忍！」於是，他辭官不做，朝廷以為他不肯出錢，就沒有准許。

司馬直萬般無奈，只好自殺。司馬直臨終前留下遺書，痛斥這種做法必然亡國。由此可見，東漢末期朝綱腐敗到了極點。

曹操剛開始還懷著滿腔熱血積極為政，覺得為官一郡就要肅清一方。但這只不過是杯水車薪，其結果是「政教大行，一郡清平」。那些被收拾的人找岔子告狀，所以曹操被頻繁地調動。這下，曹操徹底看透了官場，他深恨報國無門，於是辭官歸鄉。

這時，靈帝死了，留下兩個十來歲的孩子劉辯和劉協。時局更加動亂，宦官專權，大將軍何進想除掉宦官，徹底肅清東漢積弱不振的局面，但是怕力量不夠，於是依袁紹之計請西涼太守董卓進京除奸。

哪知請神容易送神難，這董卓是一個不折不扣的奸賊，無惡不作，禍國殃民。朝中正直的大臣苦於沒有除奸之策，放聲大哭。這時，曹操自請以獻刀為名去刺殺董卓，不料行刺失敗，只好連夜逃走。後來，他又積極聯合河北名流「四世三公」袁紹，討伐董卓，要為漢朝除去這個毒瘤。

結果，雖然袁紹被推舉為盟主，十八路諸侯也約定要一同討伐董卓，但他們各懷心事，都按兵不動。曹操大呼：「舉義兵誅暴亂，諸君何疑？一戰而定天下矣，豈可失也？」但沒有人回應，曹操只好孤軍奮戰。

勢單力薄的曹操自然不是董卓的對手，還險些喪命。這時，曹操不得不認真審視當今天下的形勢。他認定漢朝氣數已盡，所以回鄉募勇，準備建立自己的軍事力量。

曹操是一個懂得變通的人，當他看到自己想成爲一個治世能臣的夢想不能在分崩離析的東漢末年實現後，便立即放棄了這條路，重新規劃自己的人生。如果站在曹操的角度上來分析，他的選擇是明智的。他知道，只有適應了變化的環境，才能夠在亂世中成就一番事業。如果拘泥守舊，不懂得變通，最終結果只會是死路一條。

有人說「時勢造英雄」，也有人說「英雄造時勢」，這兩種說法都有一定的片面性。因爲一個人之所以能夠成爲英雄，必定是受到了當時環境的影響，但沒有自己的努力是行不通的；當他成爲了真正的英雄，便能夠翻手爲雲，覆手爲雨，改變環境。不過，要想成爲英雄，就必須學會適應環境。

古人云：「有志者，事竟成。」這的確是很好的教誨。想要事業有成，就必須具備恆心和毅力，朝著目標走，不要猶豫不決。但是，我們也應該看到，要實現目標，還有許多客觀因素要考慮。很多事情要考慮天時、地利、人和，並非只憑滿腔熱忱就能解決。因此，我們要適時地調整自己，朝著正確的方向邁進。

美國石油大王洛克菲勒就向我們證實了這一點。

洛克菲勒年輕的時候曾在美國某個石油公司工作。那時，他所從事的只是一項普通工作，就是巡視並確認石油罐蓋有沒有自動焊接好。

他每天面對這項枯燥無味的簡單工作，感到非常厭煩，想換個工作。但他學歷不高，又沒什麼一技之長，所以根本找不到工作。沒辦法，他只好繼續耐心工作。

有一次，他發現石油罐蓋每旋轉一次，焊接劑就會滴落三十九滴。他腦子裡突然有了靈感：如果能將焊接劑減少兩滴，不就能節省成本了嗎？

從那以後，洛克菲勒潛心鑽研，研製出了「三十七滴型」焊接機。但利用這種焊接機焊接出來的石油罐，偶爾會漏油，並不實用。

面對失敗，他沒有放棄，仍繼續研製，最終研製出了「三十八滴型」焊接機，焊接出來的石油罐外形非常完美。

公司對他的發明非常重視，並生產出了這種機器。儘管只節省了一滴焊接劑，卻給公司帶來了每年五億美元的利潤！

正如諾貝爾獎得主萊納斯．波林說的：「一個好的研究者知道應該發揮哪些構想，而哪些構想應該丟棄。否則，就會浪費很多時間在無謂的構想上。」有些事情，即使你做了很大的努力，並爲之堅持不懈，但最終還是有可能一無所獲。這時，你需要退出來，重新研究，尋找對策。

當原定的目標不能實現時，我們需要放棄偏執，換一種方式去努力，尋找新的成功機會。

6 兵不厭詐，巧用手段

在《君主論》中，馬基維利提出了一個驚世駭俗的觀點：「君王須兼具獅子的凶殘與狐狸的狡詐，爲達到政治目的，可以不擇手段。」日常生活中，我們做事當然不能不擇手段，但運用一些小技巧、小手段和小計策，未嘗不可。

曹操少年時，不好好求學讀書，吃喝玩樂倒是樣樣精通。對這個整日遊蕩無度的孩子，曹操的叔叔很是看不慣，一再向曹操的父親曹嵩告狀。曹操對此很不耐煩，便設下一計，準備小小報復一下自己的叔父。

一天，他遠遠地望見叔叔走來，便立刻撲倒在地，手腳抽搐，假裝犯了羊癲風的樣子。叔父見了大急，連忙去呼叫曹操的父親。

等曹父趕來，曹操又活蹦亂跳得像個沒事人一樣。曹父說：「聽你叔叔說你發病，現在好了嗎？」

曹操平靜地說：「孩兒自來沒有什麼病，只是叔叔不喜歡孩兒，所以才這麼說的。」

事實擺在眼前，不由得曹父不信。其後，曹操叔叔再去告曹操的狀，曹父都持懷疑態度。清除叔叔這層障礙後，曹操變得更加肆意妄為、無法無天。

這裡爲我們呈現的是一個機智又頑皮的孩童形象，但是從其中也不難看出曹操少時雖放蕩，卻有「計謀」過人的特點。他爲人處世講求方法，懂得用腦，這一點在他日後的成長過程中也有所體現。

孫子曰：「兵者，詭道也。」在孫子眼裡，用兵是一種詭詐的行爲。而《韓非子・難一》有言：「臣聞之，繁禮君子，不厭忠信；戰陣之間，不厭詐僞。」這正是「兵不厭詐」的出處，在軍事上，僞詐詭道不僅被默許，而且大行其道，蔚然成風。

元朝末年，陳友諒佔據江州後，率所有兵力順流而下，去攻打心腹大患朱元璋。西元一三六〇年，陳友諒大軍攻佔了採石（今安徽省馬鞍山市長江東岸）和太平（今安徽當塗）兩地，隨後又率龐大水軍進逼應天（今江蘇南京）。

大兵壓境，朱元璋的部下將士都很緊張。因為陳友諒的水軍是朱元璋的十倍，他們又善於水上作戰。當時有不少人主張撤退或投降。而朱元璋則聽取了劉基的建議，決定誘敵深入，打伏擊戰。

朱元璋召來康茂才，讓他寫一封詐降信給陳友諒。這個康茂才原來曾是元朝降將，本是陳友諒的舊友，朱元璋認為他是詐降的合適人選。

康茂才欣然答應，立刻修書一封，信上說：「建議兵分三路進攻應天，茂才把守應天城外江東橋，願為內應，打開城門，直搗帥府，活捉朱元璋……」隨後派一名老僕將信送去。

陳友諒收到了康茂才的投降信，心中興奮不已。他當即對老僕人說：「我馬上分兵三路取應天，到時以『老康』為暗號，但不知茂才所守之橋是木橋還是石橋。」

「是木橋。」老僕答道。

第二天，陳友諒親率數百艘戰船順江而下。

當先頭部隊到大勝港時，遭到了猛烈狙擊，無法登岸，而且由於新河航道狹窄，陳友諒只好直奔江東橋，以便和康茂才裡應外合。

當水軍船隊行駛到江東橋時，陳友諒卻發現那是一座石橋，心中頓生疑惑。原來，朱元璋為了防備康茂才弄假成真，真投降了陳友諒，已於當天夜裡把木橋改成了石橋。

陳友諒不敢遲疑，急命部下高喊「老康」，結果竟無人答應，方知中計，便急令陳友仁率水軍衝向龍灣。幾百艘戰船聚集于龍灣水面，陳友諒下令一萬精兵搶先登陸，企圖水陸並進，強攻應天城。

此時，只見盧龍山頂上黃旗揮動，戰鼓齊鳴，朱元璋麾下大將徐達、常遇春率軍分從左右殺來，先行登陸的一萬精兵頓時被沖得大亂。儘管陳友諒大聲呼喝，但仍然制止不住，敗軍逃到江邊，蜂擁登船。陳友諒急令開船，哪料正當退潮之際，近百條戰船全部擱淺，徐達與常遇春趁勢上船追殺，陳友諒潰不成軍，只好跳進小船逃跑了。

在和陳友諒的對抗中，朱元璋的實力明顯處於下風，但他巧施詐降之計，誘敵深入，從而大敗敵軍先頭部隊，在挫傷了敵軍銳氣的同時，也鼓舞了己方的士氣。更關鍵的是，此戰改變了雙方的力量對比，讓自己掌握了戰場上的主動權。

如今是和平時代，但「兵不厭詐」這條古訓卻同樣有著廣泛的市場，甚至在國外也被人運用得爐火純青。

美國某公司與日本一家公司正在進行一場曠日持久的貿易談判。

談判開始後，先由美方代表發言。美方代表面面俱到地介紹了己方的立場、態度和具體措施，日方代表只是埋頭記錄。

美方代表發言結束後，向日方代表徵求意見，但所有日方代表都是你看我、我看你，一副迷茫的表情。

美方代表不知出了什麼事情，感到很奇怪，日方代表則說：「我們不明白。」美方代表問哪些地方不明白，日方代表回答：「都不明白。」最後還補充了一句：「請允許我們回去研究一下。」

美國人一看，只得作罷，第一輪談判就這樣結束了。

數周後，美、日又開始了第二輪談判。

令美方代表感到奇怪的是，這次的日方代表全是新面孔。沒辦法，美方代表只好從頭開始，將美方的立場、態度、具體措施逐一做耐心仔細的介紹。日方代表認真地做著記錄，中間沒有一個人打岔。

美方代表介紹完畢，向日方代表徵求意見，日方代表又是大眼瞪小眼，誰也不開口說話。美方代表再次徵詢意見，日方代表說話了：「我們不明白。」這和第一次談判時如出一轍。日方代表提出休會，他們要回去研究，美方代表只好同意。

這場馬拉松式的談判先後持續了半年多，被激怒的美國談判代表大罵日本方面毫無誠意。誰知，就在這時，日本公司的代表團突然飛至美國。

這一次，不待美國人開口，他們就拿出了精心準備好的方案，以無可挑剔的語言與美國人討論所有的細節，美國公司的代表毫無準備，最終只好與日本公司簽訂了一個對日方明顯有利的協議。

在處理現實問題時，「兵不厭詐」不應該只是被當作一個貶義詞，它完全可以理解爲我們做事時要懂得靈活變通、巧用手段、善用計謀。如果能夠以一種合理而又合法的「詭詐」方式圓滿達成目標，何樂而不爲呢？

魯迅先生說：「中國是古國，歷史長了，花樣也多，情形複雜，做人也特別難。我覺得別的國度裡，處事法總還要簡單，所以每個人可以有工夫做些事；在中國，則單是爲生活，就要花去生命的幾乎全部。」爲了適應這種現實，在處事時，每個人都應多長些心眼，巧用一些方法、謀略和手段。

—第八章—

恩威並施，賞罰分明的領導藝術

曹操雖得「一代奸雄」之稱，但其在為人方面卻頗通方圓之道：其方者以誠相待，取信於人，虛懷若谷，決不食言；其圓者我行我素，機智靈活。此一剛一柔、一陰一陽之道，可謂爛熟於曹操胸中。

施恩時，其恩澤深似海；發威時，其威風鎮八方。賞之則毫不吝嗇，罰之則鐵面無私，仰望曹公，誰人敢不汗顏？

1 嚴以律己，以身作則

著名教育家卡托說：「我可以原諒任何人的過錯，但自己的除外。」能夠做到「嚴以律己，以身作則」，處處以高標準、嚴要求來約束自己的人，才能走得更遠。

曹操時常隨軍隊外出征戰，他發現在中原一帶，由於連年戰亂，人民四處流散，田地荒蕪，於是就採納了部將的建議，下令讓士兵和老百姓實行屯田。經過大力推廣，這一政策收到了成效，荒蕪的田地都種上了莊稼，老百姓安居樂業，而部隊也有了軍糧。

可是，有些士兵不懂得愛護莊稼，常有人在農田裡亂跑，踩壞莊稼。曹操知道後很生氣，便下了一道極其嚴厲的命令：全軍將士，一律不得踐踏莊稼，違令者斬！

將士們都知道曹操一向軍令如山，令出必行，令禁必止，決不姑息寬容。所以此令一下，將士們都小心謹慎起來，唯恐犯了軍紀。將士們操練、行軍經過農田時，總是小心翼翼地通過。有時，將士們看到路旁有倒伏的莊稼，還會過去把它扶起來。

有一次，曹操率領士兵們去打仗。那時正好是小麥成熟的季節，曹操騎在馬上，望著一望無際的金黃色的麥浪，心裡十分高興。

就在這時，突然「撲刺刺」一聲，從路旁的草叢裡竄出了幾隻野雞，從曹操的馬頭上飛過。曹操的馬被這突如其來的情況驚到了，嘶叫著狂奔起來，跑進了附近的麥地。等到曹操使勁勒住驚馬，地裡的麥子已經被踩倒了一大片。

看到眼前的情景，曹操把執法官叫了來，十分認真地對他說：「今天，我的馬踩壞了麥田，違犯了軍紀，請你按照軍法給我治罪吧！」

聽了曹操的話，執法官犯了難。按照曹操制定的軍紀，踩壞了莊稼，是要治死罪的。可曹操是主帥，軍紀也是他制定的，怎麼能治他的罪呢？

想到這，執法官對曹操說：「丞相，按照古制『刑不上大夫』，您是不必領罪的。」

「這怎麼能行？」曹操說，「如果大夫以上的高官都可以不受法令的約束，那法令還有什麼用處？何況這糟蹋了莊稼要治死罪的軍令是我下的，如果我自己不執行，怎麼能讓將士們去執行呢？」

「這……」執法官遲疑了一下，又說：「丞相，您的馬是受到驚嚇才衝入麥田的，並不是您有意違反軍紀，我看還是免於處罰吧！」

「不！你的理不通。軍令就是軍令，不能分什麼有意無意，如果大家違反了軍紀，都去找一些理由來免於處罰，那軍令不就成了一紙空文嗎？軍紀人人都得遵守，我怎麼能例外呢？」

執法官頭上冒出了汗，他想了想又說：「丞相，您是全軍主帥，如果按軍令從事，那誰來指揮打仗呢？再說，朝廷不能沒有丞相，老百姓也不能沒有您吶！」

眾將官見執法官這樣說，也紛紛上前哀求，請曹操不要處罰自己。

曹操見大家求情，沉思了一會兒說：「我是主帥，治死罪不適宜。不過，不治死罪，也要治罪，那就用我的頭髮來代替我的首級吧！」說完便拔出了寶劍，割下了自己的一把頭髮。

將士們看到曹操如此嚴以律己，心裡都很佩服，他們私下裡常說：「丞相不是故意踐踏麥田，尚且受罰，以後可千萬不要違反軍紀啊。」

嚴於律己、以身作則、率先垂範，這是一種領導藝術，作爲領導者的曹操對此術運用得可謂出神入化，因此得到了廣大將士的擁戴。嚴於律己、以身作則對於今日各行各業的領導者、管理者也有著廣泛的借鑒意義。

榜樣的力量是無窮的，與其喊破嗓子，不如做出表率。只有以身作則，以實際行動去影響人、激勵人，才能起到事半功倍的效果。如果不學無術、誇誇其談，說得多、做得少，就會使下屬失望，挫傷他們的積極性，增大團隊的「離心力」。

「其身正，不令而行；其身不正，雖令不從。」以自己的行動去帶動別人，實際上也是對越軌行爲的無聲批評，其效果是正面批評無法代替的。

有一句話叫「善爲人者能自爲，善治人者能自治」。一個公司的業務能否在激烈競爭的潮流中得到發展，關鍵之處還在於領導者是否有正確的自律意識。領導者只有身體力行，以身作則，才能建立起人人遵守的工作制度。比如，要求公司的職員遵守時間，領導首先要做出榜樣；要求下屬對自己的行爲負責，領導也必須明白自己的職責，並對自己的行爲負責。只有以身作則的領導，才能調動下屬工作的自覺性，推動工作朝著好的方向發展。

創造了「聯想」神話的柳傳志也有許多傳奇故事，其中有一則便是關於他嚴於律己的。

聯想集團建立了每週一次的辦公例會制度，有一段時間，一些參會的領導由於多種原因經常遲到，大多數人因為等一兩個人而浪費了寶貴的時間。

柳傳志決定補充一條會議紀律，遲到者要在門口罰站五分鐘，以示警告。

紀律頒佈後，遲到現象大有好轉，被罰站的人很少。有一次，柳傳志因特殊情況遲到，他走進會場後，大家都等著他將如何解釋和面對。

柳傳志先是一個勁兒地道歉、解釋原因，然後便自動地在大門口罰站了五分鐘。

領導者的言行舉止是下屬關注的中心和模仿的典範，一舉一動不僅直接影響自己的形象，還會影響下屬的士氣，進而影響到組織的氣氛乃至成敗。如果身先士卒，必然會感染到無數下屬，所帶領的部門也會蓬勃向上，充滿生機和活力；反之，如果畏縮不前，整個組織也必然會瀰漫著失敗的情緒，士氣低落，缺乏戰鬥力。

如果領導不能以身作則，反而拿放大鏡去苛求下屬，那麼下屬亦會反過來拿放大鏡來要求主管。寬於律己、苛以待人的領導是下屬最厭惡的上司，也最容易造成管理上的衝突，致使下屬產生「多做多錯，少做少錯，不做不錯」的心態，或者「上行下效」模仿上司的無所作爲。

古希臘哲學家柏拉圖說：「自制是一種秩序，一種對於快樂與欲望的控制。」不僅是管理者，對現實生活中的每個人來說，嚴於律己也是一條非常重要的做事之道。只有處處以高標準、嚴要求來規範自己的言行，才能抵制各種誘惑，戰勝自己的各種缺點，心無旁騖地前行。

2 恩威並舉，軟硬兼施

提及謀略，儘管其中有很多學問，可綜合一下，不外乎「軟」和「硬」兩個字。不論是對自己，還是對手下，曹操的過人之處就是善變多變，因時而異，因人而異。他對敵人通常是軟硬兼施：他對袁紹先軟後硬；對張繡先硬後軟；對黃巾軍軟硬並舉。

當年，曹操和鮑信以壽陽為戰場，攻打青州的黃巾軍。曹操和鮑信深入前線考察敵情而被包圍，鮑信為救曹操戰死。曹操化悲痛為力量，帶領軍隊對黃巾軍窮追猛打，連續數十次的大小會戰使黃巾軍無法喘息，士氣衰竭。

這時，曹操突然改變策略，儘量避免殺戮，展開招安工作，同時步步進逼。最終，被圍困在濟水的黃巾軍主力在曹操的策動下，全部投降。曹操非常高興，立即宣布對黃巾軍的前事既往不咎。

曹操將黃巾軍內的老弱病殘全部遣返回家，而後又挑選了三十萬精壯人員，重新組編為「青州軍」。生平第一次，曹操擁有了打天下的精銳兵團。剿平青州黃巾軍，使曹操的事業向前邁進了一大步，他不但獲得了全州郡縣官民對他的信賴，還在實際上控制了兗州境內所有的兵團，成為了真正有實力的競爭者。

曹操一方面以武力進逼，另一方面攻心招安，結果名利雙收。由此可見，一個國家、一支軍隊力量的強大，不僅僅體現在作戰能力上，更重要的是軍事力量帶來的威懾力。聰明的將帥總是能夠剛柔並濟，懂得恩威並重、軟硬兼施的管理藝術，這也是一些領導人的魅力所在。

剛柔並濟自古便是王者的治人之道，對於那些混亂的社會秩序，要採用特殊強硬的手段進行治理，而對於柔弱的國民，則要以寬容溫和的態度加以體恤和支持。

曹操採取恩威並重的戰略思想，本質上是一場與對手的勇氣與智慧的較量。面對不同的人，曹操會有不同的對待方式。他認為，要治人，必須做到紅白臉相間，要一文一武、一張一弛，既要剛柔並濟，也要恩威並重，互相包含，各盡其用。

在第二次世界大戰中，高斯將軍也用了此法。

在一次重大戰役中，高斯將軍負責指揮全域，並制訂了詳細的戰略計畫，但由於他的副官擅自行動，導致戰局最終失利。

單就這一點來看，那位副官就應該受到嚴厲的軍法處置，而且當時許多人都要求把他交付軍事法庭定罪。不受處罰難平眾怒，但如果真這樣做了，高斯將軍就會失去一員勇將。

高斯將軍考慮到這位副官的軍隊也付出了慘重的代價，因此必須讓這位副官深刻地認識到自己的錯誤，以免重蹈覆轍，造成不可挽回的損失。

於是，高斯將軍思考片刻後，面對心懷悔恨的副官，緩緩說道：「你作為我的副官，就如同我的左膀右臂，你所擔負的責任就是指揮好你的部隊，注意不受到敵軍的偷襲，並且在戰爭開始後負責偵查情報，然後向我報告，以便隨時調整作戰計畫。但令人失望的是，你在這次決定性的戰役中犯下了這麼大的錯誤！」

副官雙目垂下，不敢正視高斯將軍，筆直地站著，一動不動。

高斯將軍繼續說道：「你擅自行動，貿然出擊，造成我們在不明情況的形勢下，倉促投入戰鬥，這種盲目作戰使我們遭受了巨大損失，現在我們能活著，是上帝給予的保佑。」

副官聽後，額上冒出了一層細汗，內疚地說：「高斯將軍，責任完全在我。」

副官的表現，說明他的內心也在嚴厲譴責自己的過失。高斯將軍看到這種情形，繼續對副官說：「你當時可能是被憤怒沖昏了頭腦，這是年輕人最忌諱的。現在既然一切都過去了，我對你所能說的是，不可再那樣做了。」

責備訓斥完後，高斯將軍想讓緊張而嚴肅的氣氛逐漸緩和下來，他沉默了好一會兒，目的是讓剛才的話深入這位副官的內心，讓他有時間進行深刻的反省，以達到預期的目的。

果然，這位副官表情凝重地取下腰間的槍，雙手托著，緩緩遞到高斯將軍面前。高斯將軍並沒有立刻接過，他把手背在身後。

副官看著高斯將軍說：「由於我的失職，部隊損失慘重，我不配再當他們的長官，也辜負了您對我的信任。」

這時，高斯將軍喝止了他，說：「我現在要的不是你交槍給我，辭職逍遙，我需要的是一位過而能改的得力軍官，明天還要繼續戰鬥。你在我的部下多年，我很瞭解你的為人，你所做出的貢獻是其他同職位的軍官所無法匹敵的。以前的多次戰鬥你都表現得十分出色，這次……」

將軍做了一個停止的手勢，繼續說，「就此打住吧，我們現在需要把這件事拋在一邊，準備投入新的戰鬥！」

高斯將軍的批評教育感動了這位副官，同時也激發了他的戰鬥士氣。在後來的戰役中，這位副官一改之前的魯莽，出色地完成了任務，使高斯將軍抓住了戰爭的主動權，贏得了戰爭的勝利。

我國歷史上也有許多君王善用恩威並重的手段治理國家的例子。

為了平定天下，安撫民心，漢文帝對漢朝周邊的蠻夷族部落皆施以恩德，對南越王趙佗尤其厚待。文帝不僅明令將趙佗雙親的墓地所在地賜為他的領地，還派人按時祭祀，同時任命趙佗的親屬擔任高官，給予了許多恩賜。

趙佗為此感動不已，向文帝請罪：「從前我意氣用事，看到呂后聽信長沙王的讒言，挖我祖墳，誅殺我的同族，我便針鋒相對，以牙還牙，在這蠻荒之地胡作非為。我現在雖自稱南越武帝，那不過是我自欺欺人、自我陶醉罷了，兩賢不能並世，兩雄不能並立，從此之後，南越的帝制統統廢除，我們都是文帝的臣民。」可見，這種恩威並重的手段對於南越王這樣的剛強人，也是非常有效的。

對於領導者來說，顧全大局、平衡內外勢力也是恩威並施中的重要方法，能幫助許多人渡過危機。

有一次，曾國藩的弟弟曾國荃與總督官文發生了矛盾，於是曾國荃便上書彈劾官文。由於官文在朝中的勢力很大，一時間，朝廷中的斥責全部指向了曾國荃。

對此，慈禧太后也頗感為難。因為當時，慈禧既需要官文這樣忠實的家奴，也需要曾國荃這樣能鬥的鷹犬。曾國藩此時考慮良久，決定採取以柔克剛的辦法來化解這次危機。

曾國藩將密保官文提升的奏摺送到了慈禧的手中。慈禧是個精明的人，她深知曾國藩不早不遲，恰好這時來封保官文的摺子，無疑是在為弟弟描補，希望這件事能大事化小，就此打住。

曾國藩的這個態度使慈禧感到很欣慰。她認為，倘若曾國藩和弟弟站在一邊，堅決與官文為敵，事情就會變得更麻煩，畢竟曾國藩的面子還是要給的。最終，慈禧決定按督撫不和處置，將官文內調京師，以大學士掌管刑部，兼正白旗蒙古都統，調李鴻章為湖廣總督。就這樣，一場大風波平息了。

其實，恩威並舉的態度交互使用，不但能幫助領導者在下屬面前樹立威信，同時還可以贏得下屬的心，使其更盡心盡力地爲自己效力。

3 善用謀略，軍紀嚴明

「大謀略治人，小謀略人治。」僅僅依靠個人好惡來管理天下的人，哪怕他們道德高尚，最終也難以達到法治的高度，不過是人治而已。

三國期間，曹操一直貫徹依法治國、依法治軍的方針。建軍初期，不論是勢力還是人數，曹操都無法和袁紹相比。可是經過曹操「法治」的整治和調整，過了幾個月，曹軍將士士氣高昂；而袁紹賞罰不明，聽信讒言，最終導致部隊士氣低落，眾叛親離，被曹操所滅。

當年，曹操將呂布圍困在下邳，呂布派張遼、郝萌等在深夜從劉備的營寨打開一個突破口，殺出重圍，向袁術求救，袁術讓呂布送來女兒作抵押。郝萌回來經過劉備營寨時，被張飛捉住。

劉備押郝萌來見曹操，郝萌詳細說了向袁術求救的經過，曹操大驚，如果袁術真來救呂布，裡應外合，曹軍將腹背受敵。於是，曹操勃然大怒，先殺了郝萌，再傳軍令：如果哪個營寨再把呂布或他的部下放跑了，一律按軍法處置，嚴懲不貸。

劉備回來對關、張二人說：「咱們這個地方是要衝，要小心防守，別違反了軍令。」

張飛不滿意，嘀嘀咕咕地說：「我抓了一個敵將，不獎賞我，反來嚇唬我，搞不懂。」

劉備說：「曹操率領這麼多的大軍，軍令不嚴明，不依軍法辦事，怎麼能服人呢？」看來，還是劉備瞭解曹操用兵的特點和苦衷。

中國最早明文公佈的成文法是在春秋時期。

當時，鄭國下大夫公孫楚聘定了一名容貌美麗的姑娘作未婚妻，上大夫公孫黑發現後便想奪歸己有，並利用權勢逼迫女方家庭接受了他的聘禮，兩名大夫就這樣爭執了起來。鄭國執政子產出面調解，決定由姑娘自己選擇。

定親那天，公孫楚、公孫黑同時來到姑娘家。公孫楚雄姿英發，武藝高超，被姑娘選中。公孫黑不甘心，事後伺機行刺，結果反被公孫楚打傷。

公孫黑勢力大，又確實負了傷，子產只好把公孫楚流放到外地去。公孫黑仍不罷手，準備用武力奪取那名姑娘與公孫楚全族的家產，公孫楚的族人進行反擊。子產聞訊後，立即從外地趕回國都，令公孫黑自盡，平息了這場動亂。

這類事件在當時的貴族階層中是常見的，爲了使社會安定，不再讓這些人胡作非爲，執政子產在西元前五三六年制定了明確的法律條文，並把它鑄造於鐵鼎上，公之於眾。

此後，各國效法，制定公佈成文法就成了一種通例。由於當時還不會造紙，竹簡是主要的書寫材料，因此，國家法令也被人們稱爲「三尺法」。

漢武帝時，廷尉杜周斷獄，完全以武帝的意圖為判刑標準。武帝試圖懲罰的人，他就「因而陷之」，捏造罪名，加以治罪；武帝試圖開脫的人，他就尋找理由，將其開釋。他的朋友批評他「不循三尺法」，斷獄不公平，杜周毫不掩飾地說：「三尺安在哉？法律是皇帝去制定的，我根據皇帝現在的意圖判案，有什麼不對？」

廷尉是最高司法官，廷尉率先蔑視法律，下司便也紛紛仿效，結果導致武帝時的冤獄越來越多。文景之治時，全國每年斷獄「僅至四百」；杜周掌刑時，一年「詔獄逮至六七萬人，吏所增加十有餘萬」。官吏不循法，民眾也就不守法，「聞有逮證，皆亡匿」，民風日下。

一個時代，特別是在一個動盪的時代裡，政令的推行要靠法律的權威，而法律的權威則需要強硬的手段來推廣。所以，為政若沒有威嚴，百姓就無所畏懼，無所畏懼則法制混亂，如此一來，又怎能治理天下呢？

常言道，沒有規矩不成方圓，只有法令嚴明，有法可依，才能更好地管理國家。

周亞夫是漢朝功勳卓著的將軍，以英勇善戰、嚴守軍紀著稱。

有一次，漢文帝要親自犒勞軍隊，先到達駐紮在灞上和棘門的軍營，文帝一行直接騎馬進入營寨，將軍和他的部下都騎馬前來迎送。接著，文帝到達細柳的軍營，那裡駐紮著周亞夫的軍隊。只見細柳營的將士們都身披鎧甲，手執鋒利的武器，拉著張滿的弓弩。

文帝的先驅隊伍到了，想直接進去，營門口的衛兵不讓。先驅說：「天子馬上就要到了！」把守營門的軍門都尉說：「將軍有令，『軍隊裡只聽將軍的號令，不聽其他指令。』」

過了一會兒，文帝也到了，但仍然不被允許進入軍營。

於是，文帝便派使者持符節詔告將軍：「我想進入軍營慰勞軍隊。」

周亞夫這才傳達命令說：「打開軍營大門！」

守衛軍營大門的軍官對文帝一行駕車騎馬的人說：「將軍有規定，『在軍營內不許策馬奔馳。』」於是，文帝等人就拉著韁繩緩緩前行。

一進軍營，周亞夫手執兵器對文帝拱手作揖說：「穿著盔甲的武士不能夠下拜，請允許我以軍禮參見陛下。」

見到周亞夫治軍嚴明的情景，文帝不禁感動不已，表情變得十分莊重，手扶車前的橫木稱謝說：「皇帝敬勞將軍！」完成儀式後才離去。

出了營門，群臣都表示驚訝。文帝說：「這才是真正的將軍！前面所經過的灞上和棘門的軍隊，就像兒戲一般，那些將軍很容易被敵人用偷襲的辦法將他們俘虜。如果像周亞夫這樣，誰能夠冒犯他呢？」一路上，文帝不停地稱讚周亞夫，並傳令重賞。

4 造銅雀台，重賞奇兵

《孫子兵法》中講道，對於軍隊的管理而言，無論賞罰都是一種管理手段。賞，鼓舞軍心，引發鬥志；罰，以儆效尤，以嚴軍威。但不管是賞還是罰，都要遵循公開、公平的原則，如此才能收到意想之中的良好效果。

作爲一名軍事家，曹操深知這個道理。他賞罰下屬的手段有很多，而且頗爲與眾不同。他的賞罰不單單是一種行爲，而是注重把這些與榮譽結合在一起，更加人性化地管理部下。這一點在「銅雀臺上重賞奇兵」這件事上表現得尤其明顯。

曹操自赤壁之戰大敗之後，一心想一雪前恥，只是孫劉聯盟讓他有所顧忌。建安十五年春，銅雀台建造完成，於是，曹操大會文武於鄴郡，設宴慶賀。是日，曹操頭戴嵌寶金冠，身穿綠錦羅袍，玉帶珠履，憑高而坐。文武眾官立於兩側。

曹操欲觀武官比試弓箭，於是派近侍將一領西川紅錦戰袍掛在垂柳枝上，下設一箭垛，以百步為界，分武官為兩隊，曹氏宗族俱穿紅，其餘將士俱穿綠，各帶雕弓長箭，跨鞍勒馬，聽候指揮。

曹操傳令說：「有能射中箭垛紅心者，即以錦袍賜之；如射不中，罰水一杯。」號令方下，紅袍隊中，一個少年將軍縱馬而出，眾視之，是曹休。曹休飛馬往來，奔馳三次，扣上箭，拽滿弓，一箭射去，正中紅心。金鼓齊鳴，眾皆喝彩。

曹操於臺上望見大喜，說：「此吾家千里駒也！」方欲使人取錦袍與曹休，只見綠袍隊中，一騎飛出，叫著說：「丞相錦袍，合讓俺外姓先取，宗族中不宜攙越。」

曹操看其人，原是文聘。眾官都說：「且看文仲業射法。」文聘拈弓縱馬一箭，亦中紅心。眾皆喝彩，金鼓亂鳴，文聘大喊：「快取袍來！」

只見紅袍隊中，又一將飛馬而出，厲聲道：「文烈先射，汝何得爭奪？看我與你兩個解箭！」拽滿弓，一箭射去，也中紅心。

眾人齊聲喝彩，觀其人，原是曹洪。洪方欲取袍，只見綠袍隊裡又一將出，揚弓叫道：「你三人射法，何足為奇！看我射來！」

眾人觀看，是張郃。張郃飛馬翻身，背射一箭，也中紅心。四支箭齊齊地扎在紅心裡，眾人都道：「好射法！」張郃說：「錦袍該是我的！」

言未畢，紅袍隊中一將飛馬而出，大叫道：「汝翻身背射，何足稱異！看我奪射紅心！」眾人觀看，原來是夏侯淵。

夏侯淵縱馬至界口，扭回身一箭射去，正在四箭當中，遂金鼓齊鳴。

夏侯淵勒馬按弓大叫道：「此箭可奪得錦袍嗎？」

只見綠袍隊裡，一將應聲而出，大叫：「且留下錦袍與我徐晃！」

夏侯淵說：「汝更有何射法，可奪我袍？」

徐晃說：「汝奪射紅心，不足為異。看我單取錦袍！」拈弓搭箭，遙望柳條射去，恰好射斷柳條，錦袍墜地。徐晃飛取錦袍，披於身上，縱馬至台前拜謝說：

「謝丞相袍！」曹操與眾官無不稱讚。

徐晃才勒馬要回，猛然台邊躍出一綠袍將軍，大呼道：「你將錦袍哪裡去？早早留下與我！」眾人觀看，原來是許褚。

徐晃說：「袍已在此，汝何敢強奪！」許褚不回答，竟飛馬來奪袍。兩馬相近，徐晃便用弓打許褚。許褚一手按住弓，把徐晃拖離鞍轎。徐晃急棄了弓，翻身下馬，許褚亦下馬，兩個揪住廝打。

曹操急忙派人拉開兩人，那件錦袍已被扯得粉碎。曹操令二人都上臺，徐晃睜眉怒目，許褚切齒咬牙，各有相鬥之意。

曹操見此情景笑道：「孤特視公等之勇耳，豈惜一錦袍哉？」便教諸將盡都上臺，各賜蜀錦一匹。諸將沒有不謝賞的，人人笑得開懷。

其實，爭袍之事曹操之所以能輕易化解，是因爲他在眾位將領心中的地位非比尋常。曹操的遍行賞賜沒有人會不給面子、不識時務，所以才會有皆大歡喜的局面。更深層一點講，這也是一種平衡內部利益的方式。

正是因爲曹操的機智聰明和善於把握大局的能力，才使得他在諸位能人中應對自如。此外，這還得益於曹操對管理軍隊的基本態度。曹操認爲，懲罰是軍令的基礎，是指揮員號令三軍的權威所在，所以，只有分清是非善惡，才能令行禁止，指揮有度，軍心永固。

現代社會中的不少領導者，位居高位，卻由於不懂得管人之術，所以不能在高位上待久。不同職位的人立場、做事風格也不同，就像將軍用武力克制對方，謀士用計謀戰勝對手，而元帥則統領大家取得勝利。

在一個團隊內部，成員間避免不了是非利益衝突，這就要求領導者靈活變通，特殊情況特殊處理，及時採取有效的處理措施，平衡各方關係，爭取最大的團體利益。

第九章

運籌帷幄，謀劃好了再行動

能成大事者，必定深謀遠慮。急於求成不一定能贏棋，料敵在先，把每一步都看得更深更遠，才能使敵人處處受制。不要以為那些成功者的勝利靠的是運氣，運氣其實是精心運籌的結果。

1 看問題要看到根源上

當一件事情發生後，不探究它之所以發生的原因，沒有相應的計畫，走一步看一步，這是普通人的作風；結合當時形勢，找出普遍規律，以後引以為戒，這是聰明人的作風；撥開迷霧看本質，直擊最根本的利害關係，找到克敵制勝的方法，這是高明人的作風。

曹操滅了袁紹後，袁紹的三個兒子袁譚、袁熙和袁尚也被曹操打敗。袁尚與二哥袁熙逃往遼西投奔烏丸首領蹋頓，曹操想要一舉消滅袁氏的力量，便決定遠征烏丸。

部屬中許多人擔心曹操帶兵離開後，劉表會派劉備乘機襲擊曹軍的大本營許縣，建議先打劉表，再攻烏丸。

謀士郭嘉說：「烏丸一定要打。烏丸的胡人依仗其地處僻遠，必定沒有防備，我軍突然襲擊，定可取勝。況且袁紹曾經對烏丸人有恩，袁尚兄弟在那裡根基深厚。如果我們去打劉表，袁尚兄弟就會召集袁紹舊部和烏丸人一起來攻打我們。那時，恐怕我們新收的袁紹的地盤又要丟掉了。劉表這人，不過是清談虛誇的空談家罷了，他的部下也就剛歸附的劉備可以派出來一戰。劉表自知其才力不足以駕馭劉備，若是重用劉備，又擔心不能控制；輕任劉備，又怕劉備不會為他效力。所以，劉表是不會有什麼動作的。即便我們傾全力遠征烏丸，曹公您也用不著擔憂什麼。」

曹操認為郭嘉分析敵情如同親見，把幾方面對手的心思都摸得透透的，於是，烏丸之戰就這麼定了下來。

這一戰，曹軍獲得了勝利，斬殺了蹋頓以下許多將領，而袁氏兄弟見勢不好，便逃往了遼東，投奔遼東太守公孫康。

此時，曹操的部將以夏侯惇為首，都建議乘勝追擊，捉住袁氏兄弟，斬草除根，免得讓他們再成氣候。曹操拈鬚笑道：「不勞煩各位了，數日之內，公孫康自然會把二袁的首級獻上。」諸將心中雖有疑惑，但見曹操一副胸有成竹的樣子，只得暫且耐心等待。

公孫康那一方也正在商議此事。

公孫康之弟公孫恭說：「袁紹生前就常有吞併遼東之心，現在袁熙、袁尚沒地盤了才投奔到我們這裡，定懷有強佔遼東的異心。若收留他們，實在是養虎為患。不如將他們騙入營中殺之，將首級獻給曹操，曹操必重待我們。」

公孫康說：「只怕曹操會引兵下遼東，不如接納二袁當幫手，共同抵抗曹操兵馬。」

公孫恭說：「可派人去打聽打聽。如果曹兵來攻，則收留二袁；如果曹軍沒有異動，則殺了二袁，送與曹操。」

公孫康同意，便立刻派人去打探消息，得知曹操兵屯易州，並無下遼東之意，便放下心來，轉身對付袁氏兄弟。他借商議機密大事之由，把二袁騙入府中，一聲令下，埋伏在帷幕後的刀斧手們躍出，砍下二人頭顱，用木匣盛了，使人送到易州，拜見曹操。

當時曹操正與眾將議事，夏侯惇、張遼二人稟告說：「如不下遼東，可回許都，耽擱久了怕劉表會乘虛而入。」

曹操說：「待二袁首級至，即刻回兵。」眾將暗笑，心中對此很不以為然。正在這時，二袁的首級送到，眾將驚得目瞪口呆。

曹操重賞來使，封公孫康為襄平侯、左將軍，回頭與眾將解釋緣由：「郭嘉生前已料到此事，並留下書信說打遼東決不可行。我們若以兵力相逼，公孫康與二袁就會抱成團迎敵；我們不理他，他們反會自相殘殺。」眾將聽了，嘆服不已。

明智之人常常在事物略露表象的時候就已經有所察覺，然後經過反覆地思考、斟酌和研究，靜待事物的發展而相機行事。

在呂后設計害死了梁王彭越和楚王韓信後，與二人同稱「漢初三大名將」的淮南王英布無奈興兵反漢。劉邦向文武大臣詢問對策，汝陽王夏侯嬰推薦了自己的門客薛公。

漢高祖問薛公：「英布曾是項羽手下大將，能征慣戰，我想親率大軍去平叛，你看勝敗會如何？」

薛公答道：「陛下必勝無疑。」

漢高祖道：「何以見得？」

薛公道：「英布興兵反叛後，料到陛下肯定會去征討他，當然不會坐以待斃，所以有三種情況可供他選擇。」

漢高祖道：「先生請講。」

薛公道：「第一種情況，英布東取吳，西取楚，北並齊魯，將燕趙納入自己的勢力範圍，然後固守自己的封地以待陛下。這樣，陛下也奈何不了他，這是上策。」

漢高祖急忙問：「第二種情況會怎麼樣？」

「東取吳，西取楚，奪取韓、魏，保住敖倉的糧食，以重兵守衛成皋，斷絕入關之路。如果是這樣，誰勝誰負，只有天知道。」薛公侃侃而談，「這是第二種情況，乃為中策。」

漢高祖說：「先生既認為朕能獲勝，英布自然不會用此二策，那麼，下策該是怎樣？」

薛公不慌不忙地說：「東取吳，西取下蔡，將重兵置於淮南。我料英布必用此策——陛下長驅直入，定能大獲全勝。」

漢高祖面現悅色，道：「先生如何知道英布必用此下策呢？」

薛公道：「英布本是驪山的一個刑徒，雖有萬夫不當之勇，但目光短淺，只知道為一時的利害謀劃，所以我料到他必出此下策！」

漢高祖連連讚道：「好！好！英布的為人朕也並非不知，先生的話可謂是一語中的！朕封你為千戶侯！」

「謝陛下。」薛公慌忙跪下謝恩。

漢高祖封薛公為千戶侯，又賞賜給薛公許多財物，然後於這一年（西元前一九六年）的十月親率十二萬大軍征討英布。

果然，英布在叛漢之後，首先興兵擊敗了受封於吳地的荊王劉賈，又打敗了楚王劉爭，然後把軍隊佈防在淮南一帶。

漢高祖戎馬一生，南征北戰，也深諳用兵之道。雙方的軍隊在蘄西（今安徽宿縣境內）相遇後，漢高祖見英布的軍隊氣勢很盛，便採取了堅守不戰的策略，待英布的軍隊疲憊之後，金鼓齊鳴，揮師急進，殺得英布落荒而逃。

英布逃到江南後，被長沙王吳芮的兒子設計殺死，英布的叛亂以失敗而告終。

我們常說某人「料事如神」，並不是說他會抽籤卜卦，而是他能看到事情的根源，明白其中的關節，自然懂得誰是關鍵人物、誰是暗處的敵人，懂得何時何處該使力、何時何處要冷處理，如此，才會收到事半功倍的效果。

2 未雨綢繆穩江山

自古英雄，無非以眼光取勝，眼光長遠者可以從長而計，未雨綢繆；而眼光短淺者僅見眼前的蠅頭小利，難免會爲利益所驅，難成大器。曹操就是這樣一個能夠預見危險，又能夠隨機應變的政壇高手。

曹操在稱公、稱王之後，面臨著確立繼承人的問題。曹操對立嗣特別重視，抱著非常慎重的態度，經過一段時間的考慮之後，才最後確定下來。

曹操共有廿五個兒子，長子是曹昂，接下來依次是曹丕、曹彰、曹植、曹熊、曹沖等。曹昂為劉夫人所生，但劉夫人早亡，由曹操的結髮妻子丁夫人撫養。曹丕、曹彰、曹植、曹能為卞夫人所生，曹沖為環夫人所生。

封建宗法制度規定，妻生的兒子稱嫡子，妾生的兒子稱庶子，嫡子是正統，而庶子是旁支。由此決定了封建繼承權的排列順序依次是嫡長子、嫡次子、庶長子。曹昂本為庶長子，但因丁夫人無子，把曹昂當作親生兒子看待，建立了很深的感情，因此，曹昂實際上具有嫡長子的身分。加上曹操對封建禮法不怎麼重視，「立嫡以長」的觀念相對來說比較淡漠，因此如不發生什麼意外，曹昂被確立為繼承人大體是沒什麼問題的。

但意外卻偏偏發生了：建安二年（西元一九七年），曹操南征張繡，張繡降而復叛，曹昂為掩護曹操，被叛軍殺死。

曹昂死後，最有資格充當繼承人的當屬曹丕。但曹操這時似乎將「立嫡以長」的成例拋到了腦後，久久不肯立其為繼承人，其目的顯然是要通過較長時期的觀察和考驗，從諸子中培養和選擇出自己所滿意的繼承人。

曹操對諸子的培養和使用一視同仁。他在《諸兒令》中說：兒子們雖然小時候都被我喜愛，但長大後德才兼備的善者，我必定重用他。我說話是嚴肅的，不但對我的屬下不偏私，就是對兒子們也不想有所偏愛。曹操在選擇繼承人時，更看重其德才如何。

曹操首先看中的是年歲比較小的曹沖（西元一九六年生，比曹丕小九歲）。曹沖，字倉舒，五六歲時就表現出了過人的天資。大約在西元二〇一年，孫權送給曹操一頭大象，北方人從沒見過這麼大的動物，都很驚奇。

曹操想知道牠到底有多重，就叫下邊人把牠稱一稱。但一般的秤根本無法承受大象的重量，大家都為此感到很苦惱。

這時，小曹站出來說：「把大象放在一隻大空船上，在水淹到船體處做個記號。然後把大象拉下來，將石頭裝上船，一直裝到水面到達之前做記號的位置。之後再分開稱石頭的重量，加起來就是象的重量。」大臣們按照他的方法操作，果然稱出了象的重量。

又有一次，曹操的馬鞍在倉庫裡被老鼠咬壞了，看守倉庫的小吏害怕被處死，準備反綁雙手去向曹操請罪，但還是擔心自己不會被赦免。曹沖知道後，對小吏說：「三天後的中午，你再去請罪。」然後，曹沖用刀扎破自己的衣服，弄得像被老鼠咬的一樣，並裝出一副很難過的樣子。

曹操見狀問他是怎麼回事，曹沖回答說：「世俗認為老鼠咬了衣服，衣服的主人就不吉利。現在我的單衣被老鼠咬了，所以憂愁煩惱。」

曹操連忙安慰說：「這是胡說八道，你不要為這件事煩惱了。」

過了一會兒，看管倉庫的小吏前來報告，說老鼠咬壞了馬鞍，曹操笑著說：「我兒子的衣服放在身邊尚且被老鼠咬了，何況馬鞍懸掛在倉庫的柱子上呢！」

然後，曹操叫左右給倉吏鬆了綁，一點也沒有怪罪看管倉庫的人。

曹沖為人寬厚，知識淵博，因此曹操特別喜歡他，曾多次在官員面前稱讚曹沖聰明仁愛，表示將來要傳位給他。但是，曹沖十三歲時（西元二〇八年）突然因重病去世，曹操非常悲痛。

當曹丕前來勸慰曹操時，曹操說：「他死了是我的不幸，卻是你們的幸運啊！」意思是說，此後曹沖再不能同曹丕等人爭繼承權了。

曹丕對這話的用意也很清楚，他當了皇帝後還常說：「家兄孝廉（即曹昂，曹昂二十歲時舉孝廉，廿一歲時死去），做皇帝是他的本分，如果倉舒還在，我也不會有天下。」

曹沖死後，在一段時期內，曹操又傾向於立曹植為嗣子。曹操在立嗣問題上如此謹慎，是想看看曹植、曹丕哪一個最德才兼備。他的動機和做法都是好的，但這卻引起了曹植、曹丕之間的矛盾和鬥爭，甚至由正常競爭發展到了弄虛作假、爾虞我詐的地步。

一次，曹操領兵出征，百官和諸侯送行，曹植對曹操說了一些頌揚功德的話，辭語華美，條理清楚，得到了在場人的讚許，曹操聽了也很喜悅。曹丕看到這種情景，悵然若失。

他的親信吳質耳語獻策說：「大王動身時，您只要流淚哭泣就可以了。」曹丕照此去做，曹操很受感動，大家都認為曹植辭語華美，但誠心不如曹丕。

又有一次，曹操要考查一下曹植和曹丕的實際才能，讓他倆分別從鄴城門出去辦事，並事先秘密下令要守門人不得放行，看他倆如何處理此事。

曹丕來到城門前，見守門人不讓出去，就回來了。曹植事先得到了楊修的提示：「假如守門人不讓您出城，您可以受魏王之命為由，將其殺掉。」就這樣，曹植雖成功出了城，卻給曹操留下了好殺的印象。

在雙方爭奪嗣位的過程中，曹丕由於善耍手段，掩飾真情，裝飾自己，由劣勢逐漸轉為優勢；曹植做事任性，不粉飾自己，飲酒不加節制，逐漸失去了有利的地位，特別是在建安二十二年（西元二一七年）犯了一次大錯。

事情是這樣的：曹植在一次酒後，私自乘車在帝王專用的馳道上行駛，並打開了王宮的司馬門，一直駛到金門。這是違反禁令的行為，曹操一怒之下，把主管宮門的公車令處死，並下令說：開始時，我認為子建是兒子中最能成大業的，自從臨苗侯植私自出去，開司馬門至金門，使我不得不另眼看待這個兒子。

最後，曹操聽了謀臣賈詡的諫言，立曹丕為繼承人。

曹操選定曹丕繼位，這是非常富有政治家眼光的一大舉措：其一，曹丕是長子，立長不立幼是封建社會的不變之規，最平穩而且最不易產生動盪；其二，曹丕曾多次獨當一面，甚至獨自指揮鎮壓了若干次嚴重的叛亂，其手段之殘酷、立法之嚴峻絕不亞於曹操；其三，在曹操明確地選擇了曹丕作為接班人之後，他對其他兒子，特別是曹植身邊的人進行了殘酷的打擊，例如借故殺掉了曹植的老師楊修，剪除了其他皇子的羽翼。因此，遠在曹操去世之前，通過建制和官員配備，權力已經非常平穩地轉移到了曹丕的手裡。

《詩經．豳風》中說：「迨天之未陰雨，徹彼桑土，綢繆牖戶。」意指在沒有下雨的時候，就要把門窗捆綁牢固。後比喻事前做好準備工作。未雨綢繆意即有備無患，它通常是在軍事政治重大變革前採取的一種很理智的做法。

善於未雨綢繆的人具有非凡的遠見和敏銳的觀察力，所以能明察秋毫、由小見大，常能在別人之前採取避害求存的行動。曹操就是這樣一個能夠預見危險，又能夠隨機應變的政壇高手。從這一點來看，他的成功絕非偶然。

我們生活在一個機會稍縱即逝的世界裡，要想選擇正確的道路，就得具有能夠穿透重重迷霧的洞察力。歷史上那些有建樹的人，目光遠大就是他們成功的終極秘笈。

一九八〇年，初中畢業的朱張金開始販賣領帶、襪子的小買賣。後來，他修過電器，還辦過針織廠。

到了一九八八年，已有兩萬五千元積蓄的朱張金借了十九萬，讓村裡出面買下一家製革廠。村裡怕出問題，堅持「所有虧損與村裡無關，所有盈利歸朱張金所有」。

朱張金高價買殼經營，很多人並不看好，可是誰能想到，十幾年後，這家企業不僅沒有敗落，反而越做越好，成了中國皮革業中響噹噹的龍頭企業。

二〇〇一年，朱張金擁有的卡森資本已達廿五億元。能做到這種程度，朱張金靠的不是運氣，而是他敏銳的洞察力。朱張金一年中有幾個月的時間在國外跑生意，其目的就是看看有多少市場機會。

「出手快，眼光準」是朱張金最大的本錢，卡森的成功很大程度上是因為每一次產品調整都比別人快。

一九九五年，朱張金在莫斯科成立一家公司，當地出現了搶購卡森皮衣的風潮，一天可賣幾千件。光靠卡森自產的皮衣顯然遠遠滿足不了市場的需求，於是卡森在海寧成立了檢控中心，由卡森統一提供羊皮、款式，讓海寧的六十個皮衣加工廠為它加工。那一年在俄羅斯總共銷掉六十萬件皮衣，卡森淨賺一千八百萬元。

當海寧老鄉紛紛北上與朱張金搶著去俄羅斯賣羊皮衣時，他卻轉身做起了豬皮生意。一九九四年，皮革業一度走低，許多小企業倒閉，卡森卻反其道行之，投資一千萬擴大皮革生產規模。不少人感到驚奇，朱張金說，小企業倒閉了，市場分額讓出來，卡森正好可以搶佔市場。

果然，卡森當年贏利七百多萬元，比上一年增長了六倍。

一九九七年四月，朱張金到香港參加皮革展，他發現，展會上中國、韓國、斯洛維尼亞的企業展出的都是豬皮製品，而美、英、德等發達國家企業展出的都是牛皮製品。從香港回來，朱張金宣布要上牛皮生產線。卡森高管層很不理解，朱張金說：「商機稍縱即逝，如果等每個人都認同，那就太晚了。」

從一九九七年以來，卡森先後到美國、澳大利亞、巴西、德國等設立辦事處，瞭解市場訊息，公司技術中心則根據國際市場需求，及時開發新產品，如今，卡森的牛皮沙發等傢俱暢銷美國。二〇〇三年，經美國最大的傢俱經銷商的推薦，卡森牛皮革沙發順利進入白宮。

「現在許多企業看我搞牛皮革賺了錢，開始要跟風了，而我則已經在一年前開始考慮上別的項目了。」

朱張金的成功，靠的是他敏銳的洞察力和把握時機的能力，一個人只有擁有「毒辣」的眼力，才能洞察先機，未雨綢繆，讓自己佔據優勢。

想要成功地幹出一番事業，不能光看眼前利益，而要把目光放遠些，看到今後的發展趨勢，只有事事走在別人前頭，才能有必勝的把握。高瞻遠矚者才能先知先覺，從一個成功邁向另一個成功。

3 殺撫並用，分化敵人

要守成，看好自己現有的地盤即可；要創業，隨時都要面對陌生的環境。勢力範圍擴大後，要先掌控新地盤上的人；掌控新地盤上的人，則要先掌控其中的關鍵人物。

曹操「挾天子以令諸侯」是長遠的政治策略，具體的操作是帶領部隊，把漢獻帝和文武百官接到自己的地盤許縣另立中央。雖然當時國都洛陽兵荒馬亂，獻帝只是各路軍閥們手中的傀儡，眾官員們窘迫到連辦公的地點都沒有，但獻帝畢竟是大漢天子，眾官員也是朝廷命官。劫持他們簡單，讓自己的劫持行動變得合理合法就有難度了，太軟太硬都不行，只能一步步滲透。

很快，機會就來了，獻帝被李傕、郭汜追擊，帶文武百官出城逃難，屯兵山東兗州的曹操聞訊大喜，連忙盡起山東之兵出來接應。平服叛亂後，獻帝回宮壓驚，曹操的兵馬駐紮在洛陽城外。

這次的救駕行動使獻帝非常感激，這位皇帝被各路軍閥的粗暴作風嚇得每天都戰戰兢兢，乍一看到曹操這樣有禮有節的人，才重新找到身為天子的感覺，因此，獻帝對曹操的印象很是不錯。而曹操名正言順地進了洛陽，又獲朝廷的封賞，對這種效果也很滿意。但這只是萬里長征第一步，離曹操的理想還有很長距離。

怎麼才能讓獻帝順順當當地移駕許縣呢？曹操的線人是董昭。董昭當時是漢獻帝的議郎，相當於如今的顧問。通過幾次接觸，曹操發現董昭是可用之人，董昭也看到了曹操的實力和志向，兩人簡直一拍即合。

董昭回朝後，在同僚中積極散佈曹操忠心勤王、曹軍仁義之師、依隨曹軍有前途的言論，同時，近期星象有異，遷都則安的秘聞也在流傳。前期鋪墊過後，曹操直接上奏獻帝：「洛陽的宮室荒敗，不可修葺，糧食運轉更是困難。臣敢請駕幸許都，願陛下准允。」群臣有怕曹操威勢的，有像董昭那樣另有打算的，都沒有什麼異議。大勢所趨，獻帝也不能不從。

在許縣，獻帝只是一面旗幟，在他的名義下，曹操開始調整隊伍。荀彧、滿寵、曹洪、曹仁、夏侯惇、夏侯淵等是曹操帶來的人，有能力，也最得曹操信任，他們掌管了重要的事務性部門和軍隊。洛陽也是曹操看重的地區，他讓剛立下大功的董昭以洛陽令的身分留守舊都。其他更多的職位，曹操則能用舊人用舊人，無人可用就網羅新的人才。

在曹操的主持下，朝廷先後徵召了趙岐、張儉、陳紀、桓典、徐璆、孔融等人補充進來。對於這些人，曹操本來並不感興趣。當時趙歧、張儉都已年過八十，根本做不了事，但由於他們本人和身後的家族都很有名望，在中原一帶很有影響力，當一塊招牌還是很閃亮的。孔融喜歡評論時政，做人身上帶刺，平時這樣的人曹操是不會用的，召他來是因為看中他當世名士、孔子二十世孫的影響。曹操不指望這批人能出什麼力，但他們既然在新組的中央政府任職，就不好再公開發表不同政見。只有安撫好他們，曹操才能騰出手來做實事。

在動盪時代，除去少數人傑會主動尋找方向、引領潮流外，還有很大一部分人是在等待觀望。招撫他們中間的代表人物，就相當於趕走了領頭羊，掃除了風向標，可以迅速增強己方實力、瓦解對方陣營。至於招撫的手段，則因人因事而異，一般來說，只要搭建的平臺有足夠的吸引力，對方是擺脫不了借梯登天的誘惑的。

清代甲申之變，李鴻章大力主張與法國議和，但主戰派的實力不容忽視。「清流」一派是輿論界最強的反對力量，其中又以被稱為「翰門四諫」之首的張佩綸影響力為大。經過深思熟慮，李鴻章決心要收服張佩綸做個幫手。

張佩綸的父親在李鴻章的家鄉安徽做過官，說起來也算世交，李鴻章便遣人專程將他接了來，在北洋衙門長談了幾次。李鴻章把自己準備創辦新式海軍的計畫擺出來與張佩綸商議：中國與外國的軍隊素質相差太遠，無法與之抗衡，不如以和談爭取相對穩定的局勢，然後發憤圖強，著手修建旅順港，在北洋辦海軍學堂。這番雄圖壯志，非十年不足以見功，這正是有志之士為國出力的時候。

瞭解了李鴻章主和的理由，張佩綸覺得他深謀遠慮，是可共大事的人，因而也做了不少獻議，彼此談得非常投機。李鴻章說：「老夫耄矣！足下才氣縱橫，前程遠大，將來此席非老弟莫屬。」

這句話隱然有傳授衣缽之意。接替李鴻章成為清朝中興名臣，想想都覺得激動不已。有了這樣的默契，張佩綸便暗中轉為了主和派。李鴻章保舉張佩綸到福建船政局督辦政務，作為他將來幫辦北洋海軍的資本。

安撫好張佩綸之後，李鴻章對其他「清流」反對派分而制之，將他們調出京去，委以軍務重任。書生都是紙上談兵，到了一線，每每誤事，如此便可借此收拾「清流」。而平時好發議論的人，見此光景，必生戒心，這也是控制輿論的妙計。

改朝換代或者和平時期的政治鬥爭，都是勝者為王敗者寇，失勢的那一方，或被消滅，或被徹底鎮壓，但是其中有種耐人尋味的現象：敵對的陣營中無名小卒被剿滅，對一些中堅分子卻要極力拉攏。這是因爲他們的能量大，影響力也大，能將他們招安，當權者的位子就更牢靠些。

這是歷史規律，卻也適用於任何一個小團體。

4 沒有謀劃就沒有未來

曹操生於動亂年代、成長於宦官家庭，從小他的志向便是爲人活於世間一遭，絕不能默默無聞，必定要做一番大事業。但是，成功不是光靠志向就能實現的，只有那些真正有頭腦、懂得謀劃未來的人，才能實現自己的宏偉志向。曹操就是這些成功者中的一個典型。

東漢末年，政局極不穩定，朝內政治腐敗、宦官專權，百姓生活在水深火熱之中，階級矛盾愈發尖銳，社會動盪不安。也就是在這個動亂的年代裡，出現了歷史上許多有名的大人物。

當時，統治階級內部，外戚、宦官集團之間的鬥爭非常激烈，特別是在漢和帝和漢安帝以後，政治更加黑暗。外戚和宦官為了爭奪控制中央的權力，互相排擠，互相殘殺，加劇了社會動盪，不少百姓因為生存問題而不得不揭竿而起。其中，更是出現了一批想要自立為王、建功立業的人。

時局的動盪使年紀輕輕的曹操不甘於命運的安排，立志要闖出一片天地。雖然年少，但曹操敢於挑戰世俗的眼光，又能刻苦鑽研兵法，苦練武藝。與此同時，為了給未來鋪路，曹操開始廣泛接觸當時的社會名流和賢達之士。

追究當時曹操的目的，其實很單純，不過是期望通過與名流賢達的接觸，得到他們的賞識，為自己踏上仕途，進而施展抱負做好充分的準備。

初入仕途的他，只不過是一個小小的洛陽北部都尉。雖然官職低，但曹操從來沒有說過任何抱怨的話，他深知：成功的人生都是從小及大，想要達到自己的目標，必定需要一個實現的過程。只要把握好發展的時機，積極地謀劃好下一步要走的路，然後憑藉不斷增強的實力實現它，就一定會取得成功。

經過一番經營和規劃，沒過多久，曹操便一路升遷。當在鎮壓潁川起義軍中立下大功之後，他被升遷為濟南相國。俗話說，新官上任三把火。曹操剛擔任濟南相時，就做了兩件大事，一是罷貪官，二是毀淫祠。在當時那種亂世，曹操燒的這兩把火不僅得罪了朝中宦官，連地方豪強也對他恨之入骨。

為了暫避鋒芒，曹操請求隱退田園。朝廷考慮到他的貢獻和能力，便給了他一個差事，任命他為議郎。曹操心裡明白，想要躲避朝中權臣的打擊，隱退才是最好的辦法，因此對於議郎一職也是「常托疾病，輒告歸鄉里」。

在所有人的眼中，曹操此次是因為懼怕朝中謀臣的勢力而不得已選擇的隱退。但是事實上，當時他的父親曹嵩還大權在握，是一個有頭有臉的人物，所以，曹操的性命實際上並不真的那麼堪憂。曹操在此時選擇隱居，實際是為自己將來的爭霸事業進行的又一項精心謀劃。

東漢末年非常盛行名士隱居，隱居在當時被認為是有才能而又清高的人的作為，可以抬高身價，以博取當政者的矚目。當然，曹操的落腳點是即使不得已等幾年再做官也不算晚，但並不是終身隱居，他「稱疾歸鄉里」的真正目的是為了等待時機。

在隱居期間，他一直窺視局勢，只要形勢對自己有利，他就會復出。而後，曹操尋得合適的時機重返爭霸之路，並憑藉精明的謀劃之策，一步一步地朝著自己的夢想前進。

成功的一大秘訣，當然是勇往直前，有一種奮發向上、敢爲人先的精神。但做事只憑向前衝的勇氣是不夠的，還要有思考的空間。在我們不斷追求自己夢想的時候，更要注重把握好發展的大局面，多對未來進行合理的規劃。一個爲了成功而進取的人，更應該懂得爲自己創造有利的條件，同時腳踏實地地按照自己規劃好的步驟，一步步向成功邁進。

諸葛亮的家世還不錯，諸葛氏在琅琊是個大家族，他的祖輩曾在西漢元帝時做過司隸校尉（衛戍京師的長官），父親諸葛珪在東漢末年也做過泰山郡丞。但諸葛珪死得早，諸葛亮和弟弟諸葛均由叔父諸葛玄帶大。後來，諸葛玄帶著他們去投奔了老朋友荊州牧劉表。

建安二年（西元一九七年），諸葛玄去世。無奈之下，諸葛亮和弟、妹只能移居到隆中，一邊種地維持生活，一邊讀書。

諸葛亮讀書和別人不一樣，他看書一目十行，只瞭解個大概，但他很有天賦，書讀得比大多數人都好。他不但熟知天文地理，而且精通戰術兵法。他志向遠大，自比管仲、樂毅。

那時候，劉備的部隊正駐紮在新野。

有一次聽水鏡先生司馬徽說起臥龍（諸葛亮）、鳳雛（龐統）乃是當世之豪傑，便有了結識他們的想法。後來已被劉備委以重任的徐庶也大力推薦諸葛亮，並說：「這個人可不一般，皇叔如果想要結交他，千萬不要派個人就把他叫來，一定要自己去請，不然他不會搭理你的。」

聽了徐庶的建議，劉備親自去拜訪了諸葛亮，去了三次才見到。

劉備問諸葛亮：「現在的漢王朝奸臣當道，皇上無能。我現在想重振大漢王朝的雄威，但才疏學淺，直至今天也沒能有所作為，不過我不甘心呀！我聽說先生乃當世之奇才，今天特地來請教先生有什麼可以幫助我的辦法嗎？」

諸葛亮一直都在等待這個機會，怎能放過？於是，他就把自己的計畫一條一條地說給劉備聽，大意就是：先佔領劉表的荊州，再想辦法把劉璋的益州弄到手，與曹操、孫權三分天下，然後再等待時機把曹操和孫權除掉，統一中國，重振大漢王朝。這就是著名的《隆中對》。

聽諸葛亮說完後，劉備精神振奮，心說：「我怎麼就沒想到呢？妙計！果然是高人！」

從此，劉備就患上了「諸葛亮依賴症」，不管幹什麼事，都要聽聽諸葛亮的建議。

建安十三年（西元二〇八年）八月，曹操佔領荊州，劉備待不下去，只好逃跑。

這時，諸葛亮向劉備建議說：「我們可以去聯合東吳，一起抵抗曹軍。」劉備有點猶豫，說：「我們現在沒什麼實力，不知道孫權會不會搭理我？」

諸葛亮胸有成竹地說：「我和東吳的魯肅是好朋友，我親自去柴桑遊說孫權，一定能成功。」聽諸葛亮這樣一說，劉備才答應。

諸葛亮到達柴桑後，通過魯肅的引薦，見到了孫權。他先給孫權來了個激將法，說：「如果您有實力對抗曹操，那就和他斷交。如果你覺得自己不行，那還不如投降！」

孫權並非好糊弄的人，他反問道：「你讓我投降，你們怎麼不投降呢？」諸葛亮聽了孫權這麼說，就把劉備大大誇獎了一番，說了些劉皇叔有氣節，決不投降之類的話。

孫權聽了這話心說：「小小劉備都這樣，我要是向曹軍示弱，豈不讓天下人恥笑？」於是勃然大怒道：「我與曹賊勢不兩立！」

雖然這麼說，但畢竟曹軍幾十萬人快打到家門口了，不是一兩句話就能嚇走的。這時，諸葛亮開始給孫權打氣，他說：「曹軍大老遠從北方跑來，早已經是強弩之末，雖然號稱八十三萬，其實還不到三十萬。再加上都是北方人，不善水戰，而曹操剛剛佔領荊州，民心也不在他那邊。劉皇叔現在有兩萬精兵，如果將軍再出兵，曹軍必敗。」

諸葛亮的一番話說得孫權很是心動，最終，孫權決定聯劉抗曹，派周瑜、程普、魯肅等率三萬水軍，與曹操開戰。諸葛亮任務完成，便回營準備去了。

這年十一月，孫劉聯軍與曹操在赤壁決戰，結果曹軍大敗，幾乎全軍覆滅，曹操只帶著幾千兵馬狼狽地逃回了許都。

赤壁之戰後，劉備乘機佔領了荊州。

建安十六年（西元二一一年），益州牧劉璋想要攻打張魯，就派法正去請劉備幫忙。誰知法正早就和劉備有所勾結，於是借著劉備入蜀之際，與劉備裡應外合，把劉璋給除掉了。至此，諸葛亮三分天下的計畫宣佈完成。

諸葛亮應該是《三國演義》中最光芒四射的人物了。他運籌帷幄之中，決勝千里之外，幾乎是以一己之力促成了三分天下，這是因爲什麼呢？首先是他聰明，這是前提條件，但更主要的是他有大局觀，他把當時的形勢分析得相當透澈，他的謀劃又非常合理、縝密，這才是他成就大業的主要原因。

5 打好基礎圖長遠

打江山，創事業，必當有深厚的基礎，否則便會如無源之水、無本之木，雖能得勢一時，卻不能得勢一世。推而廣之，無論做什麼事，都要深根固本，然後才可與世爭鋒。「深根固本以治天下，進足以勝敵，退足以堅守，故雖有困敗而終濟大業。」

中平末年，天下大亂，各地的黃巾軍也趁著大亂之機再次壯大。

初平二年（西元一九一年），青州黃巾軍三十萬人攻入太山郡，太山太守帶軍出戰，致使黃巾軍前進受阻，前後犧牲數千人，被迫退出太山郡。事後，黃巾軍北渡黃河進入渤海郡，公孫瓚大顯身手，引軍擊退黃巾軍數萬餘人，令黃巾軍元氣大傷。

過了不久，這支由農民組成的隊伍經過一段時間的休整東山再起，於初平三年（西元一九二年）四月，以百萬之眾攻入兗州。情急之下，兗州牧劉岱決定發兵阻擊黃巾軍。

這時，濟北（今山東長清南）國相鮑信分析了當時的軍事形勢，向上司劉岱建議：「黃巾軍氣勢浩大，號稱百萬之眾，百姓都有些害怕，士兵們也沒有鬥志，很難抵敵。我看這幫叛賊人數眾多，群輩相隨，卻沒有什麼糧草輜重，只有靠搶奪劫掠作為軍資來源，我們不如養精蓄銳，堅守陣地，讓他們戰又戰不得，攻又不能攻。這樣一來，其氣勢必然大大削減，人員離散，到了那個時候，我們再選派精兵強將，攻其要害，一舉殲滅他們。」

鮑信說得很有道理，計也是好計，可是輕敵的劉岱不但沒有接受鮑信的建議，還親自領兵出戰，結果做了黃巾軍的刀下亡魂。

與此同時，曹操正密切關注著局勢的變化，每日加緊操練兵馬，準備謀求進一步的壯大。劉岱一死，曹操就將眼光放到了兗州。

曹操手下的一個謀士陳宮獻計說：「兗州無主，朝廷難以對他們下達政令，實行統治，我願意去遊說各郡，讓你擔任兗州牧，以那個地方作為根據地，慢慢發展壯大，這樣一來，必當成就霸業。」

曹操覺得正中下懷，當即表示同意。陳宮到兗州對鮑信等人進行遊說，說兗州無主，曹操又是命世之才，如果能請他當兗州牧，必定能安定生民。鮑信本來就看重曹操，聽此一說，心下更加堅定，於是請來曹操擔任兗州牧。

由於漢時全國分十三州刺史部，初為中央派出的監督機構，到了東漢末期，刺史（後稱州牧）已是地方上最高的一級軍政長官。雖說曹操擔當的是兗州牧一職，但也已是今非昔比，他自此成為真正的一方之主。

曹操一擔任兗州牧，便立即帶兵奔赴壽張，阻擊黃巾軍。開始，曹操率領步騎千餘人，邊走邊勘察地形，摸索到黃巾駐地，準備偷襲，結果出師不利，死者數百，被迫退回。後來，在曹操與黃巾軍的多次爭戰中，鮑信戰死。曹操當上兗州牧，自有鮑信一份功勞，於是引其為知己，如今鮑信戰死，曹操心中大慟。

同年冬十二月，曹操追擊黃巾軍到濟北。黃巾軍被迫乞降，曹操收降卒三十餘萬，男女百餘萬口。事後，曹操又將黃巾軍精銳進行整編，組成了一支自己的作戰隊伍，號稱「青州兵」。

很顯然，在撲滅黃巾軍起義的過程中，曹操表現得異常堅決和果斷。他與袁紹、公孫瓚不同，勝利之後，他並沒有對起義部隊進行殘酷的屠殺和鎮壓，而是採用了一種吸納敵人資源，以補充自己實力的方法。

當初，袁紹在朝歌鹿場山蒼岩谷討伐黑山黃巾軍，「圍攻五日，破之，斬毒及其眾萬餘級」「進擊左髭丈八等，皆斬之」「又擊劉石、青牛角等」「復斬數萬級，皆屠其屯壁」。

公孫瓚反擊青、徐黃巾軍於東光（今縣）南面，「斬首三萬餘級」「黃巾奔走清河，瓚因其半濟而攻之，又殺黃巾數萬流血丹水」。

而曹操，卻始終沒有這種類似的史料記載。

相比之下，曹操似乎更為「仁慈」，目光也更為遠大。他不但沒有對黃巾軍進行大規模屠殺和殲滅，還將其投降的人眾盡數挑選，將精銳收編入伍，納為己用，以壯大自己的軍事實力。此舉就比袁紹、公孫瓚的行為高明得多。

可見，對天下大勢，曹操始終保持著清醒的認識。他知道：天下大亂、地方割據、軍閥混戰已是不可避免，要在這種局面下立住腳跟，進而擴大地盤、發展自己、戰勝對手，沒有足夠的兵力作為基礎是不可能的。但兵力從哪裡來？曹操早已瞄準起義軍這個龐大的軍事集團。因而，曹操對起義軍施加了兩手政策，即鎮壓與誘降相結合。

正是因為有了收編來的這股兵力和自領州牧得到的地方兵，曹操才有了不斷發展壯大的本錢，從而取得逐鹿中原的成功。

事實上，曹操最初以兗州作為根據地時，並沒有考慮得很深遠，只是一心想報殺父之仇。他打算以兗州為根據地，攻打徐州。

不想，呂布趁著曹操攻打兗州，城中空虛，佔據了濮陽。屆時，鄄城、東阿、萬縣同時告急。曹操迫於形勢，聽從了郭嘉的意見，賣個人情給劉備，從徐州撤兵退守。

誰想，徐州太守陶謙對劉備情有所鍾，死前遺命請劉備主持大局，他一死，劉備就頂任了徐州牧，曹操憤憤不已，即傳號令，克日起兵去取徐州。

興平二年（西元一九五年）春，曹操再次起兵定陶。襲擊呂布之後，他又在巨野攻打呂布的部將薛蘭、李封等。當呂布趕來營救薛蘭時，薛蘭等人已經被曹操消滅得一乾二淨了。

事後，曹操將部隊駐紮在乘氏。原計劃先取徐州，再攻呂布。謀士荀彧卻認為深根固本至關重要，只有先鞏固了根據地，才可以圖謀天下。

他說：「昔高祖保關中，光武據河內，皆深根固本以制天下，進足以勝敵，退足以堅守，故雖有困敗而終濟大業。將軍本以兗州首事，平山東之難，百姓無不歸心悅服。且河、濟，天下之要地也，今雖殘壞，猶易以自保，是亦將軍之關中、河內也，不可以不先定。今以破李封、薛蘭，若分兵東擊陳宮，宮必不敢西顧，以其間勒兵收熟麥，約食畜穀，一舉而布可破也。破布，然後南結揚州，共討袁術，以臨淮、泗。若捨布而東，多留兵則不足用，少留兵則民皆保城，不得樵採。布乘虛寇暴，民心益危，唯鄄城、范、衛可全，其餘非己之有，是無克州也。若徐州不定，將軍當安所歸乎？且陶謙雖死，徐州未易亡也。彼懲往年之敗，將懼而結親，相為表裡。今東方皆以收麥，必堅壁清野以待將軍，將軍攻之不拔，略之無獲，不出十日，則十萬之眾未戰而自困耳。前討徐州，威罰實行，其子弟念父兄之恥，必人自為守，無降心，就能破之，尚不可有也。夫事固有棄此取彼者，以大易小可也，以安易危可也，權一時之勢，不患本之固可也。今三者莫利，願將軍熟慮之。」

荀彧在這篇說辭中，深切地剖析了「固本以制天下」的道理，同時指出「捨布而東」必然導致失掉兗州的嚴重後果，還做出了徐州未必能攻取，攻取而未必能擁有的預測。一言以蔽之，荀彧就是要告誡曹操，切記不能棄此取彼，以大易小，以安易危，否則難成天下大事。

曹操經過一番仔細斟酌，最終接受了荀彧的意見，改變了原有的計畫，從而避免了一次重大的軍事失誤。

事情果如荀彧所料，同年五月，呂布稍作調整，與此時已經反叛的陳宮率兵萬餘人，再次從東緡（今山東東明）來戰。可喜的是，曹操憑藉著有利的地形條件，大破呂布。

興平二年（西元一九五年）十月，漢獻帝正式任命曹操為兗州牧。

如此一來，曹操終於有了一塊自己的根據地，進可攻，退可守，不像劉備開始時那樣四處顛沛流離，難以成事。

曹操吸取教訓，採納荀彧之諫，先鞏固所據之地，招賢納士，訓練兵馬，養精蓄銳，方有後來的破濮陽、擒呂布、敗袁紹，進而稱雄北方。

戰爭時間有長有短，而要取得戰爭的勝利，還得依靠政治家長遠的戰略眼光。戰爭的勝負不僅取決於戰術上的高明，也由戰略上的深謀遠慮決定。正是因爲曹操具備長遠的眼光，他的實力才能日漸雄厚，最終成就霸業。謀大略必須具備長遠的目光，同時還要有全域觀念。只有把握大局，才能做出高瞻性的決策，才能在實際過程中運籌帷幄，把握航向。凡事從大處著眼，從小處著手，這樣，事業才會順利進展，成功的機率才會大大增加。

6 居高見遠，身後疑塚防人盜

看一個人胸懷的大小、眼光的高低有許多標準，其中，一個人臨死之前所做的遺言也能顯出其境界的高下。古往今來，偉大的人物都在臨死前奉獻了他們偉大的政治遺產——政治遺言。三國時的諸葛亮在臨死前將蜀國的大計一一囑託；劉備臨死前向諸葛亮託付了他不成器的兒子阿斗；同樣，曹操也在臨死前確定了曹氏政權的接班人曹丕。客觀來說，在三國第一代英雄的遺囑中，曹操所選擇的人選是最經得住考驗的，這也在一定程度上促進了後來三國歸晉的局面。

建安二十五年（西元二二〇年）正月，曹操病危。他把群臣召至床前，叮囑說：「孤縱橫天下三十餘年，群雄皆滅，只有江東孫權、西蜀劉備未曾剿除。孤今病危，不能再與卿等相敘，特以家事相托。孤長子曹昂，劉氏所生，不幸早年歿於宛城；今卞氏生四子：丕、彰、植、熊。孤平生所愛第三子植，為人虛華少誠實，嗜酒放縱，因此不立。次子曹彰，勇而無謀；四子曹熊，多病難保；惟長子曹丕，篤厚恭謹，可繼我業，卿等宜輔佐之。」

曹洪等人含淚領命而出。曹操又命令近侍取出平日所藏名香，分賜給諸位侍妾，而且囑咐說：「我死之後，你們要勤習女工，多造絲履，賣之可以得錢自給。」又命諸妾多居於銅雀台中，每日設祭，必令女伎奏樂上食。又遺命於彰德府講武城外，設立疑塚七十二：「不要讓後人知道我葬身之處，以免被人所發掘。」囑咐完畢，長嘆一聲，淚如雨下。沒一會兒，便氣絕而亡。

一個生前叱吒風雲的人物，為自己死後的聲譽也做出了周詳的安排。曹操生前使過陰謀無數，最後一個臨死前的計謀是陰謀、陽謀兼而有之，既安天下又安後事，可謂心思縝密。

在這個政治遺囑中，有三點值得討論：

一是曹操對於自己平生最愛的曹植沒有以國事相託，儘管他聲稱自己「平生最愛第三子植」，但他還是對曹植的道德作風做了評價，以說明自己不立曹植的理由。二是對於選定的長子曹丕，曹操的評價是篤厚恭謹，這是對曹丕幾十年跟隨曹操征戰治國成績的肯定。因爲在過去的日子裡，無論是跟隨曹操作戰還是留守監國，曹丕都圓滿地完成了任務。三是對於自己眾多的妻妾，曹操勸她們多學做紡織造絲，讓她們自食其力。

以上這三點有情有理，有國事有家事，無不反映了曹操對事物透澈的觀察和總結。其實，無論是縱橫一世的英雄，還是不名一文的百姓，在臨死之際，除了對自己走過的道路發出幾聲感嘆外，就是對後事的安排。謀略既是對他人的一種安排，也是對自己的一種安排。

作爲一個明智的領導者，曹操從來都不會讓自己的軀體和遺物成爲後人的負擔。身處高位的人，能如此清醒地選擇繼承人是相當不易的。

試看古代的皇門之爭中，其禍首的起源常常是皇上對皇子的錯誤分析，再加上身邊寵愛女人的鼓動，血濺宮門是爲常事。拋開古人不說，就說平常百姓，發生家庭糾紛也是常有的。俗話說：清官難斷家務事。一個家庭和諧與否，一家之主有直接的責任。這不僅表現在對待子女的感情平衡上，更表現在晚年對子女的責任權利的分配和安排上，這一切的基礎都是家長對自己子女的瞭解和掌握。因此，曹操臨死之際囑咐自己的妻妾，不要寄希望於曹氏顯赫的聲名和富貴，而要培養獨立的生存能力，在當時的歷史條件下，曹操能如此看清問題的實質，真是難能可貴。

諸葛亮病危期間吩咐楊儀，死後不能發喪，做一個假諸葛亮木像放在車上，一切事務照常進行。

諸葛亮死後，遺體裝在靈車上的一個龕裡，由三百多名精心挑選的將士護送，要運回成都。

司馬懿催動大軍追趕蜀兵，以為諸葛亮已死，但走到半途，他猶豫了，想著會不會又中了諸葛亮的詭計。這時夏侯霸帶著探子來報，五丈原蜀營已空無一人。司馬懿聽說後，半信半疑，率兵開向五丈原，果然蜀營空空。

他唯恐蜀軍撤走，趕緊帶領人馬向前追殺而去。忽然間，蜀軍掉頭殺了回來，只見中軍「漢丞相武鄉侯諸葛亮」大旗飄動，四輪車上坐著一位活生生的諸葛亮。這可嚇壞了司馬懿，以為又中了諸葛亮的計，於是勒馬往回逃。魏軍兵將丟盔棄甲，自相踐踏，一直逃跑了五十多里地。

兩個魏將趕了來，叫司馬懿不要驚慌。司馬懿停下來急問：「我的腦袋還在嗎？」知道蜀兵已遠去，他才放心。司馬懿到處探聽蜀軍的去向，而蜀軍早已不見蹤影。

後來司馬懿得知諸葛亮確實死了，蜀軍已全部退回漢中，自己遇見的諸葛亮僅是木像，他這才後悔不迭。由此，蜀地便開始流行一條諺語：「死諸葛嚇走活仲達。」諸葛亮臨死還想著怎樣退敵，為了蜀國真可謂鞠躬盡瘁。

古人云：「天之將雨也，穴蟻知之；野之將霜也，草蟲知之。知之於將萌，而避之於未至，故或徙焉，或蟄焉，不虛其知也。」「昔者孔子以天縱之聖而不得行其道，顛沛窮厄無所不至，然亦無往而不自得。不爲無益之憂以毀其性也。是故君子之生於世也，爲其所可爲，不爲其所不可爲而已。」意思是說，知天時是動物也通曉的事情，天將要下雨時，洞穴裡的螞蟻能預知；田野裡將要降霜時，草叢中的蟲子能預知……在事情將要萌發時就知道，而在災禍未到來時就躲避，連動物尚知見微知著，早作打算，或遷徙或儲糧，我們爲人處世更應目光長遠，對一切困難早作準備，以防患於未然。

—第十章—
笑對逆境，永不言敗

人之成功，不唯有曠世之才，亦要有笑傲三國的勇氣與毅力，窮且益堅，不墜青雲之志。人生的成功就在戰勝一個又一個困難中得到充分的體現。永不言敗，是一種勇往直前的魄力，是一種百折不撓的韌性。

海明威說，人可以被消滅，但是不可以被打敗。歷史也反覆地證明，最終的勝利者總是笑到最後的人。強者面對挫折，永不言敗。

1 再苦再難都要笑一笑

生活的快樂與否，主要取決於個人對人、事、物的看法如何。你的態度決定了你一生的高度：你認爲自己貧窮，並且無可救藥，那麼，你的一生將會在窮困潦倒中度過；你認爲貧窮是可以改變的，那麼，你就會積極地去改變現狀，並獲得成功。

心態決定我們的生活，有什麼樣的心態，就有什麼樣的人生。面對人生的煩惱與挫折，最重要的是擺正自己的心態，積極面對一切。再苦再累，也要保持微笑，笑一笑，你的人生會更美好。

在漫長的人生旅途中，苦難並不可怕，受挫折也無須憂傷，只要心中不失信念，你的人生旅途就不會中斷。艱難險惡是人生對你另一種形式的饋贈，坑坑窪窪也是對你意志的磨煉和考驗。大海如果缺少了巨浪的洶湧，就會失去其雄渾；沙漠如果缺少了飛沙的狂舞，就會失去其壯觀；如果維納斯沒有斷臂，就不會因爲殘缺美而聞名天下……生活如果始終如兩點一線般的順利，就會如白開水 樣平淡無味。只有酸甜苦辣鹹五味俱全，才是真正的生活；只有悲喜哀痛七情六欲全部經歷過，才算是完整的人生。

歷史上，曹、孫、劉三家分別依靠天時、地利、人和鼎足而立。其中，劉備的「人和」之美從某種角度來說，是「哭」出來的。面對亂世時他哭，遭遇失敗時他哭，求賢不得時他也哭，還總將漢高祖劉邦經常說的一句話掛在嘴邊：「為之奈何？」他總是一臉無辜狀，讓所有人都同情這位飄零半生、居無定所的大漢皇叔的悲慘遭遇。劉備的「人和」之力，很大程度上就來源於博取同情的力量。

而曹操則不同。在打江山的時候，劉備有一張光輝的「政治名片」，孫權則有父親兄長兩代人留下的一方現成江山，而曹操是真真正正的白手起家，能依靠的只有自己。因此，他選擇了與劉備「苦情路線」截然相反的「喜劇路線」，有朋自遠方來他笑，戰勝對手時他笑，面對失敗時他也笑，「笑」成了曹操的名片。

我們不能否認劉備的哭確實有力量，但曹操不這樣認為，他對哭和笑的辯證關係有著深刻的理解。董卓入京後，漸漸露出「西北狼」的本色，作惡多端。面對董賊的惡行，王允等朝廷大員無不哀哀戚戚，感嘆上天不佑大漢。只有曹操哈哈大笑道：「你們就是哭到明年，董賊也不會被你們哭死。」

在曹操看來，哭僅是一種情感的宣洩，而笑則能體現出一種達觀、穩定人心的精神力量。面對艱難困苦，只有笑出來，才能保持理智去尋求真正具有實效的解決辦法。

只有對事業和前途懷有堅定信念的人，才能始終保持微笑，這就是樂觀主義精神。笑來自於信心，信心越堅定，就越能在困難、絕望中保持微笑，從容面對。在信心上，曹操始終保持著「打雞血」的狀態，因此，即便是在九死一生的戰場上，也總能聽到他可能並不悅耳卻非常爽朗的笑聲。

建安十六年（西元二一一年），曹操西征馬超、韓遂，與西北聯軍大戰於潼關附近的渭南地區，戰鬥進行得極為慘烈。曹操先是「割鬚棄袍於潼關」，後是「避箭奪船於渭水」，若不是許褚的拼死護衛和丁斐的隨機應變，曹操險些命喪於此。但即便如此，在戰爭間歇兩方會談之時，曹操仍舊保持著慣有的微笑。

當時，曹操要和敵軍首領韓遂在兩軍對陣的戰場上舉行會談，馬韓聯軍的士兵聽說曹操這個傳奇人物要親自出場，立刻前來圍觀，他們爭先恐後，無不伸長脖子去「瞻仰」。

看到這種局面，曹操手下眾將提高了警惕，談個話用得著出來這麼多士兵嗎？會不會有陷阱？可主角曹操卻不以為然，作為萬眾矚目的「大明星」，曹操顯示出了最具親和力的一面。

曹操獨自打馬向前，衝著那些士兵大笑著說：「大家都是想看曹操嗎？其實也沒什麼可看的，曹操和你們一樣也都是人，不比你們多個鼻子多張嘴，如果一定要說多點什麼，曹操就是比大家多了那麼一點智慧吧。」

曹操的笑很實在，總能顯出最可愛的一面，而把這種「可愛」說得白話些，就是人格魅力，這是每個政治家都必須具備的素質。

曹操愛笑，他慣有的微笑並不像有些政客那樣，屬於外熱內冷的奸笑，他的笑大多發自內心，足夠真誠。這一點從他生活中的另一種笑——開玩笑中能夠得到充分的證明。

曹操在祭奠對自己有知遇之恩的漢末名士，也是他青年時代的忘年交橋玄時，在一篇悼詞裡寫道：「在早年間，我曹操和橋公曾經有過一個約定，說橋公百年之後，當我路過橋公墓時，如果不帶著一壺酒和一隻雞來拜一拜，車不過三步，我的肚子就會疼起來。現在我來拜祭橋公了，用了太牢的標準（豬、牛、羊三牲），我的肚子能逃過一劫吧？」

二十世紀最偉大的成功學大師拿破崙．希爾總結的十七條成功法則中，有一條就是「笑對失敗」。拿破崙．希爾深信，「失敗」是大自然對人類的嚴格考驗，它借此燒掉人們心中的殘渣，使人類這塊「金屬」因此變得更加純淨。他還忠告人們：「命運之輪在不斷地旋轉，如果它今天帶給我們的是悲哀，明天它將為我們帶來喜悅。」

通常，在挫敗面前，人們會有三種態度：

其一，從此一蹶不振。

其二，不懂得反省自己、總結經驗，但憑一腔熱血，勇往直前。

其三，能夠審時度勢，及時調整自我，在時機與實力兼備的情況下再度出擊，捲土重來。

曹操無疑就是第三種，他相信自己的失敗只是一時的，絕不是永久的。只要自己信心猶在，適時調整策略，定能反敗為勝，這就是強者在面對失敗時的思考方式。

再苦再難，也要笑一笑，這就是曹操。曹操的笑體現了一種意志，一種敗而不餒的頑強精神及向上的人生態度。

誰的力量強，誰的意志堅，誰就能勝利。所以，戰爭的勝負、人生的成敗，其實就是力量較量和意志比賽的結果。身處關係網中，要具備這種「笑看天下」的精神，才能充滿自信和鬥志，妥善應對各種複雜的局面。

據統計，現在有許多企業開始供奉大肚彌勒佛，此佛的快速「崛起」甚至已經威脅到了武財神關二爺在商圈裡的地位。這種改變的一個很大原因，就是彌勒佛的長相——他一直在笑，而且總是笑得那麼燦爛。

所以，你要從現在開始，微笑著面對生活。不要抱怨生活給了你太多的磨難，不要抱怨生活中有太多的曲折，更不要抱怨生活中的不公。當你走過世間的繁華與喧囂，閱盡世事，你會幡然明白，人生不會太圓滿，再苦也要笑一笑。

2 路還要靠自己去走

《論語．衛靈公》中有言：「君子求諸己，小人求諸人。」《文子．上德》也道：「怨人不如自怨，求諸人不如求諸己。」仰求別人，不如自己努力，自己的路終究還要靠自己去走。

討伐董卓之時，曹操曾聯合關東諸軍一起出戰。曹操當時豪情萬丈，以為那是滅董卓的天賜良機，可一戰而定天下。殊不知，「諸軍不從，操敗」。原來關東諸軍名為討伐董卓，實際各自心懷鬼胎，意在伺機發展自己的勢力，沒有幾個人真心願意協助曹操攻擊董卓。

這一戰的失利，對曹操來說不無益處，起碼它給曹操敲了警鐘，讓他看清了關東諸軍的真實面目，並得出結論：自己的路還要自己去走，依靠別人難成人事。

從此以後，曹操雖然也重視借助外力來達到自己的目的，但更注重招兵買馬、搶佔地盤，以擴充自己的實力，直至自己也成了雄霸一方的諸侯，而不用再仰人鼻息。

別人再可靠，也不如自己可靠，自己的路要自己去走，這樣才不至於處處受制於人，曹操的經歷很好地說明了這一點。而且，如果凡事都只想去依靠別人，不僅是一種沒有主見的表現，也會永遠活在別人的陰影下，難成大事。

春秋時期，魯國宰相公儀休愛吃魚，人們為了討好他，爭著買魚送給他，但他卻從不接受。他的學生問他原因，他說：正因為我愛吃魚，所以我才不接受。如果我接受了別人的魚，做起事來就不免要枉法，枉法就會罷官，罷了官，即使我愛吃魚，也不會有人再送魚了。那時，我又不能靠自己的薪俸來買魚給自己吃。如果我不接受他們的魚，我就不會被罷官，不罷官，即使沒人送魚，我也可以憑自己的薪俸買魚吃。

韓非子聽到公儀休的這番解釋後，稱頌道：「此明夫恃人不如自恃也，明於人之爲己者不如己之自爲也。」意思是說：依靠別人不如依靠自己，自己的路還要自己去走，這樣才不用在做事時考慮一些無關的因素，才不會受制於人。

一天，小蝸牛問媽媽：「為什麼我們從生下來，就要背負這個又硬又重的殼呢？」

蝸牛媽媽聽到孩子提出這樣的問題，覺得有必要讓牠懂得一些道理，便微笑著說：「孩子，因為我們的身體沒有骨骼的支撐，只能爬，又爬不快，所以需要這個殼的保護。」

聽了媽媽的解答，小蝸牛感到不太滿意，又問道：「那毛毛蟲姐姐也沒有骨頭，也爬不快，為什麼牠卻不用背這個又硬又重的殼呢？」

媽媽循循善誘地說：「因為毛毛蟲姐姐能變成蝴蝶，天空會保護牠啊。」

小蝸牛還是不死心，又問：「可是蚯蚓弟弟也沒有骨頭爬不快，也不會變成蝴蝶，牠為什麼不背這個又重又硬的殼呢？」

媽媽說：「因為蚯蚓弟弟會鑽土，大地會保護牠啊。」

小蝸牛聽了媽媽的話，傷心地哭了起來，說：「我們好可憐，天空不保護，大地也不保護。」

蝸牛媽媽一把將孩子摟在懷裡，輕聲細語地安慰他，說：「傻孩子，正因為這樣，我們才有殼啊！我們不靠天，也不靠地，只靠自己。」

只有依靠自己，依靠自己的才能和智慧，才能讓自己的雙腳踩在堅實的土地上，從而體驗生命的力量和成功的喜悅。

曾國藩說：「君子欲有所樹立，必自不妄求人知始。」如果一味依靠別人，就如同在風中四處飄蕩的秋後落葉，只能任由別人擺佈，在充滿變數的時間裡惶惶不可終日，這樣的生命顯然是沒有意義的。

行走在社會中，我們時常會聽到有人這樣抱怨：「不是我沒有能力，只是我沒有可以依靠的後臺。」然而，這些藉口並不足以成爲我們止步不前的理由。因爲，如果每個人都這樣想，這個世界上也就不會有那些白力更生的英雄和白手起家的富豪了。所以，如果你也想成爲他們中的一員，就要從現在起改變自己的做事方式。

《求人不如求己》一書寫道：「求人之人缺乏自信，沒有魄力，最多小發展；求己之人頂天立地，自強不息，必成大事業。求人，低聲下氣；求己，揚眉吐氣。求人，是是非非；求己，簡簡單單。求人，躲躲藏藏；求己，坦坦蕩蕩。求人，得不償失；求己，利大於弊。求人，受制於人；求己，自強自立。」

因此，我們要學會主宰自己的命運，認清自己，自己的路要依靠自己去走，然後再在此基礎上巧妙借助別人的力量，最後終能取得大成功！

3 讓自己變成一頭狼

人們遇到困難和阻礙時，常常會埋怨世俗和命運的不公，害怕經歷磨難，無法面對障礙，而忽略了磨難對於人生的意義。

海爾集團首席執行官張瑞敏說：「要與狼共舞，首先自己要成爲狼。」面對像「狼」一樣強大的敵人或對手，要想取得與其一戰或競爭的資格，只有先增強自己的實力，讓自己也成爲「一頭狼」。

曹操起家時，起點很低，手中的資本也極其有限。儘管如此，他在面對董卓拋出的橄欖枝時，依舊表現得十分冷靜，「無動於衷」。因為，當時他已看出董卓不得人心，必然會失敗。此外，曹操更想在那個群雄爭霸的時代，憑藉自己的力量分得一杯羹，而不是寄人籬下。

後來，由於合作不成，董卓就下通緝令追捕曹操。曹操一路奔逃，歷經磨難方才回到陳留。在陳留，曹操變賣家產，招兵買馬，湊成了一支數千人的隊伍。憑藉這些人馬，曹操義無反顧地踏上了討伐董卓的征程。但是由於關東諸郡的不配合，曹操不得不孤軍奮戰，屢遭敗績，而始終找不到自己的立身之地。

曹操奮力討伐董卓之時，青州一帶的黃巾軍與河北的黑山軍發展迅猛，原東郡太守王肱抵擋不住起義軍，而王肱的不支卻為曹操創造了機會。在袁紹的引薦之下，曹操接替了王肱的位置，這樣就把握住了一個難得的在河南、山東一帶發展勢力的良機。

說到這裡，或許有人會有疑惑，袁紹為何會將這麼一個「好差事」交給曹操呢？其實，東郡在袁紹眼裡完全是一個「燙手山芋」，他打的小算盤是讓曹操去對付起義軍，這樣就可以解除起義軍對自己轄地冀州的直接威脅。

只是袁紹沒有料到，曹操在鎮壓起義軍的過程中搞出了一番名堂。

原來，在曹操前往事發地點時，起義軍已經連下數城，其周邊的兗州等地頓時一片恐慌。看到曹操前來，兗州官員就像看到了救星，商議之後決定讓曹操出任兗州牧。當時兗州位居東漢十三州之列，是一個地廣人多、物產豐饒的大州，對於這樣好的機遇，曹操自然不會放過，於是立即率軍開赴昌邑。

在與黃巾軍對壘之初，曹操出師不利，連吃敗仗。但是憑藉過人的膽識和謀略，曹操逐漸調整了破敵策略，大敗黃巾軍，而且頗具創意地對黃巾軍「大開降路」，而投降的黃巾軍又進一步壯大了曹操的勢力。

曹操讓其中的大部分人解甲歸田，發展農業生產，對剩下的近十萬精幹人馬進行了改編，組成了「青州兵」，這就是曹操的嫡系部隊。至此，曹操不僅擁有了自己的地盤，也有了自己的「槍桿子」，獲得了和周邊豪強勢力「同台共舞」的資格。

要想與狼共舞，首先要讓自己變得像狼一樣強大，否則，就只會成爲狼的獵物。曹操通過自己的積極活動、運作，迅速完成了由一隻「羊」向一頭「狼」的轉變。當他擁有了與狼共舞的資格之後，便露出了自己的獠牙，四處出擊，尋找獵物。

張瑞敏說：「大草原上的生物百態在揭示著一個市場競爭的準則——競爭和變化是常態，誰也無法回避競爭，只能置身其中。其實狼和羊都在爲生存拼搏，在拼搏中進化，強者恆強，適者生存，永遠是『有序的非平衡結構』。如果你在競爭中被淘汰掉，不是競爭殘酷，而是你不適應競爭。」所以，要讓自己變得像狼一樣強大，甚至更強大，才能取得與狼共舞的資格，進而在與狼共舞中立於不敗之地。

在所有哺乳動物中，最具韌性者，莫過於狼；最有成就者，莫過於狼。狼群生存的最重要技巧，就是能夠把所有的精力集中於捕獵的目標上，牠們只瞄準目標，不達目的決不甘休。正是由於狼的這些特性，才使得人們願意自喻爲狼，並將強大的對手比喻成狼。

華為老闆任正非在企業經營過程中，尤其崇尚「狼性」。華為認為狼是企業學習的榜樣，要向狼學習「狼性」，而狼性永遠不會過時。

華為的狼性，在競爭中表現為不擇手段的擴張和咄咄逼人的進攻。華為的這種「狼性」氣勢一直讓業內同行難以忍受。其中一個著名的案例是，二〇〇二年，華為在美國的一些有影響力的媒體上刊登了極具攻擊性的廣告——「他們唯一的不同是價格。」圖案背景是舊金山的金門大橋，而華為的主要競爭對手思科公司的標誌恰恰就是金門大橋。

這種帶有攻擊性的廣告和價格戰激怒了思科，惱怒的思科制訂了「打擊華為」的計畫。

在內部管理上，華為也同樣採用「狼性競爭」——優勝劣汰，適者生存。公司高層管理團隊夜以繼日地工作，高級管理人員幾乎沒有什麼節假日，而且廿四小時不能關手機，隨時隨地都在處理隨時發生的問題。

在華為，幾乎每個研發人員都配有一張床墊。午休時，他們席地而臥；加班晚了不回家，也可以與墊相伴。累了睡，醒了爬起來再工作，一張床墊相當於半個家。

一位華為員工說，從進入公司第一天起，每個人就必須努力把自己的智力和體力發揮到最大值。在不少部門，加班是個人績效考核的一部分。在華為，不懂得「狼性競爭」，就永遠也無法出人頭地。

儘管外界有很多人都對華為的狼性管理提出了質疑，但正是依靠這種狼性管理，華為這家成立不過二十餘年的中國企業在「二〇一〇年度世界最具創新力公司排行榜」中，超越了通信設備巨頭阿爾卡特朗訊和諾基亞西門子，而一舉成為全球第二大通信設備商，年銷售收入達到了兩百一十五億美元，在贏得挪威四G移動網路的合約後，華為更是震驚了業界。

通過華爲的案例，「要與狼共舞，就要自己先變成狼」對我們也有了新的啓發——做事應該充滿「狼性」，讓自己更具有進取心，這樣才能取得更卓著的成就。

4 九十九次的失敗換來一次成功

成功是每個人終其一生所追求的，而失敗則是許多人所恐懼的。所謂「失敗是成功之母」告訴我們：在每個人的生活中，成功往往要在一次或幾次失敗後才能獲得。

每個人都希望自己能夠成功，而不願遭受失敗。殊不知，真正的成功是建立在失敗基礎上的。我們需要在失敗中，甚至是無數次的失敗中總結經驗教訓，這樣才能逐步走向成功。

一代梟雄曹操一生中曾經歷過六次重大失敗：濮陽攻呂布，宛城戰張繡，赤壁遇周郎，華容逢關羽，割鬚棄袍於潼關，奪船避箭於渭水。儘管如此，但他依舊秉持著「周公吐哺，天下歸心」的雄心壯志，從不曾動搖。也正是這些失敗，奠定了他後來的成功。

英國文學家蕭伯納說：「一個嘗試錯誤的人生，不但比無所事事的人生更榮耀，並且更有意義。」一個人的成長過程，本身就是一個不斷在失敗中尋找與把握機會的過程，沒有失敗就無所謂成功，就像腐朽的土壤中可以生長鮮活的植物那樣。只有當我們能夠以平和的心態面對失敗，我們才能夠成熟，才能有所收穫。而那些失敗的經歷也將成為我們生命中的一筆財富。

美國有一個名為道密爾的企業家，他專門收購一些瀕臨破產的企業，而這些企業到了他的手中，無一例外都「起死回生」了。曾經有人問他，為什麼對這些失敗過的企業「情有獨鍾」。道密爾說：「正是因為失敗過，我才知道了它失敗的地方，那樣我就不會犯同樣的錯誤了，這不是要比自己一切從頭開始容易得多嗎？」將別人失敗的經歷變成自己的財富，這大概就是道密爾成功的秘訣。

一八三二年，林肯失業了，這顯然使他很傷心，但他下決心要當政治家，當州議員。糟糕的是，他競選失敗了。

一年裡遭受兩次打擊，這對他來說無疑是痛苦的。接著，林肯著手開辦企業，可一年不到，這家企業就倒閉了。在以後的十七年間，他不得不為償還企業倒閉時所欠的債務而到處奔波，歷盡磨難。隨後，林肯再一次參加競選州議員，這次，他成功了。這次成功讓他內心萌發出了一絲希望，認為自己的生活有了轉機：「可能我可以成功了！」

一八三五年，他與女友訂婚，但離結婚還差幾個月的時候，未婚妻不幸去世，這對他精神上的打擊實在太大了，他心力交瘁，數月臥床不起。一八三六年，他得了神經衰弱症。一八三八年，他覺得身體狀況良好，於是決定競選州議會議長，可他失敗了。一八四三年，他又參加競選美國國會議員，這次仍然沒有成功。

林肯的諸多嘗試都遭到了失敗：企業倒閉、情人去世、競選敗北。要是你碰到這一切，你會不會放棄——放棄這些對你來說很重要的事情？

林肯很執著，他沒有放棄，他也沒有害怕要是失敗會怎樣。一八四六年，他又一次參加競選國會議員，最後終於當選了。

兩年任期很快就過去了，他決定爭取連任。他認為自己作為國會議員的表現足夠出色，相信選民會繼續選舉他。但結果很遺憾，他落選了。因為這次競選，他賠了一大筆錢。

之後，林肯申請當本州的土地官員，但州政府把他的申請退了回來，上面指出：「做本州的土地官員要求有卓越的才能和超常的智力，你的申請未能滿足這些要求。」

接連又是兩次失敗。在這種情況下，你會堅持繼續努力嗎？

林肯沒有服輸，一八五四年，他競選參議員，但失敗了；兩年後，他競選美國副總統提名，結果被對手擊敗；又過了兩年，他再一次競選參議員，還是失敗了。

林肯嘗試了十一次，只成功了兩次，但他一直沒有放棄自己的追求，一直在做自己生活的主宰。一八六〇年，他當選為美國總統。

林肯和曹操一樣，歷經各種挫折，最後走向了成功。看來，沒有失敗，遑論成功。一個事事都成功的人，總會有失敗的一天，而且他可能由於經不起失敗的打擊，很容易走向徹底的失敗，一敗塗地，一蹶不振。沒有失敗的人生，就不是一個完整的人生，也是註定不可能成功的人生。

很多人在面對挫敗時，總是「一次性」就被輕易打垮，而不肯再去嘗試一次，因此難以體會到成功的美好。而林肯等人則有著「屢敗屢戰」的信心與勇氣，所以他們笑到了最後。

愛迪生在經過一萬多次實驗後發明了電燈。當記者問愛迪生對這麼多次失敗有何感想時，愛迪生這樣回答：「我不是失敗了一萬多次，而是發現了一萬多種行不通的方法。」在愛迪生的字典裡，根本沒有「失敗」這兩個字的存在。在他的眼裡，曾經的失敗只是證明了一種道路不可行，僅此而已，它完全不足以成爲阻擋他繼續前進的障礙。

有個成語叫「老馬識途」，正因爲老馬曾經走過無數的道路，經歷過無數坎坷，才能在每個坎坷之上留下心底的記號，下一次從此經過時，便可以一躍而過，做到識途！而失敗不正是小馬駒們走上成長道路的小坎坷嗎？抓住那些可遇而不可求的失敗機會，認識失敗，承認失敗，利用失敗，從中總結出經驗教訓，從而走向更廣闊的大地，這又何嘗不是一種成功呢？

諾貝爾獲得的成功是巨大的，但他的成功也是來之不易的。他的一生都在失敗—總結教訓—改進—再失敗—再反省—再改進的循環中度過，但他從沒有放棄，而是不斷努力，尋找失敗的原因，讓失敗成爲通向成功的「墊腳石」，所以他最終能取得一般人難以企及的成就。

馬雲在中國是一個響噹噹的人物，作為阿里巴巴集團的主要創辦人之一，他在剛開始創業的時候並非一帆風順，他的成功來自於一次又一次的失敗，是從充滿曲折和艱辛的道路中走過來的。

馬雲大學畢業後，在杭州電子工業學院教英語，期間，和朋友成立了杭州首家外文翻譯社。因為精通英語，馬雲被邀請赴美做商業談判的翻譯，在西雅圖，馬雲第一次接觸到互聯網。

一九九五年回國後，對電腦一竅不通的馬雲決定辭職創辦中國第一家互聯網商業網站——中國黃頁。在他的廿四位朋友中，廿三個人都說這行不通，但馬雲抱著就算是失敗也要試一試、闖一闖的態度，堅持自己的想法。

馬雲利用兩萬元資金，用租來的一間房作為辦公室，一家電腦公司就這樣成立了。

在當時的中國，懂互聯網的人少之又少，幾乎沒有人相信他。但馬雲仍然像瘋子一樣不屈不撓，逐個上門向企業們推銷自己的業務。後來，隨著互聯網的正式開通，馬雲公司的業務量有所增加。

一九九七年年底，馬雲帶著自己的團隊上北京，創辦了一系列貿易網站。但由於互聯網的飛速發展，創業之路並不順暢。一九九九年，馬雲決定離開「中國黃頁」南歸杭州，以五十萬元人民幣開始第二次創業，建立阿里巴巴網站。

當時正值中國互聯網最興旺的時期，新浪、搜狐應運而生，許多網站紛紛易幟或轉向短信、網路遊戲業務，馬雲卻仍然堅守在電子商務領域。由於阿里巴巴困難依舊，為了節省費用，公司就安在他的家裡，員工每月只能拿五百元工資，累了就在地上的睡袋裡睡一會兒。可由於沒有找到合適的管道，幾年來公司不僅沒有收入，還背負著龐大的運營費用。二〇〇一年，互聯網行業跌入低谷，不少公司因此倒閉，但馬雲依然堅持著。到了年底，阿里巴巴不僅奇蹟般地活了下來，還實現了贏利。

創業的失敗曾使馬雲幾度苦惱。當時，他甚至懷疑自己是不是選錯了路，但最終他還是堅持了下來。就如他所說：「從創業的第一天起，你每天要面對的就是困難和失敗，而不是成功。」他的經歷讓我們認識到，遭受失敗並不可怕，可怕的是沒有戰勝失敗的勇氣。失敗後自暴自棄的人，註定不會有所成就。縱觀古今中外的成功人士，他們無不在失敗數次之後重新站了起來，所以，他們最終獲得了成功。

英國小說家、劇作家柯魯德．史密斯曾說：「對於我們來說，最大的榮幸就是每個人都失敗過，而且每當我們跌倒時都能爬起來。」

所謂的失敗，就是暫時的耽誤、暫時的挫折，或者說是暫時走了彎路。如果我們能從失敗中吸取教訓，那麼這失敗就是有價值的，因爲幾乎所有的成功者都經歷過失敗。失敗對於我們來說，是一種更明智的開始，它會爲我們下一步的行動指明方向。

5 ——敢於拒絕，勇於說「不」——

《中國可以說不》這本書曾經風靡一時，同時，它也創造了一個流行詞——說不。對於個人來說，在處事時，同樣需要掌握「說不」的藝術。

興平元年，曹操在討伐呂布的軍事行動中，出師一直不利，多次無功而返，沒有給呂布造成足夠的打擊。雪上加霜的是，這一年，曹操的根據地兗州一帶發生了大規模的旱災、蝗災，真可謂禍不單行。由於短期內無法再組織起力量對呂布發起攻擊，再加上面臨缺糧的危險，曹操於當年九月率軍撤到了鄄城。

到了鄄城，曹操立足未穩，袁紹派來的說客就來求見。原來，袁紹看到曹操出師不利，面臨諸多困境，產生了收服他的念頭，並讓人以結盟的名義來勸說曹操。實際上是想乘其之危，吞併曹操的勢力。而且，袁紹提出了結盟條件：讓曹操的家眷作為人質，以對曹操進行掣肘。

當時曹操面臨的局勢很嚴峻，部隊士氣低落，糧食補給也頻頻告急，有不少士兵甚至逃離了部隊。此時若同袁紹聯盟，便可以使自己渡過難關，只不過要受制於人。曹操一度為此事猶豫不決，後來在程昱的勸阻下，才展現出了梟雄本性，斷然拒絕了袁紹拋出的「繡球」。

強者對弱者的拒絕並不奇怪，也合情合理；但弱者對強者的拒絕，就需要一定的魄力和勇氣了，特別是在面臨危難局面時拒絕強者，更顯難能可貴。撤到鄄城後的曹操所處的就是這樣一種境地，儘管如此，他還是斷然拒絕了對方的結盟要求。

敢於拒絕、勇於說不的人通常都比較自信，思想獨立，不易受別人的影響。他們之所以拒絕，是因爲對方開出的條件沒有達到自己的要求，這是一種高姿態，也是一種氣度，只有具備相當實力與良好自我感覺的強人才會這樣做。

這種巨大反差，當然也是專業精神及個人做事方式上的差別使然。國外建築師認爲自己更專業，爲了堅持這一點，他們寧肯放棄生意；而國內建築師爲了得到開發商的認可，不惜對自己的創意一改再改，這是一種缺乏專業精神的表現，而且極有可能，他們本身的水準也不怎麼樣，或者是對自己的作品不夠自信，這也是一種水準不高的表現。

所以說，生活工作中懂得說不、拒絕很有必要，但也要首先弄明白自己是否有拒絕的資格、是否有說不的實力。否則，如果只是意氣用事，只是爲了盲目地逞一時之快，只會弄巧成拙，甚至讓局面更加難以收拾。

從小吏到權控天下：曹操傳奇

(原書名：關鍵時刻,曹操是這麼幹的)

作者：歐陽彥之
發行人：陳曉林
出版所：風雲時代出版股份有限公司
地址：10576台北市民生東路五段178號7樓之3
電話：(02) 2756-0949
傳真：(02) 2765-3799
執行主編：朱墨菲
美術設計：吳宗潔
業務總監：張瑋鳳

出版日期：2023年6月 新版一刷
版權授權：馬峰
ISBN：978-626-7303-61-0

風雲書網：http://www.eastbooks.com.tw
官方部落格：http://eastbooks.pixnet.net/blog
Facebook：http://www.facebook.com/h7560949
E-mail：h7560949@ms15.hinet.net
劃撥帳號：12043291
戶名：風雲時代出版股份有限公司

風雲發行所：33373桃園市龜山區公西村2鄰復興街304巷96號
電話：(03) 318-1378
傳真：(03) 318-1378
法律顧問：永然法律事務所 李永然律師
北辰著作權事務所 蕭雄淋律師

行政院新聞局局版台業字第3595號 營利事業統一編號22759935

定價：320元

國家圖書館出版品預行編目資料

從小吏到權控天下：曹操傳奇 / 歐陽彥之著. -- 臺北市：風雲時代出版股份有限公司, 2023.05 面； 公分

ISBN 978-626-7303-61-0 (平裝)
1.CST: (三國)曹操 2.CST: 傳記 3.CST: 成功法
177.2　　112003686